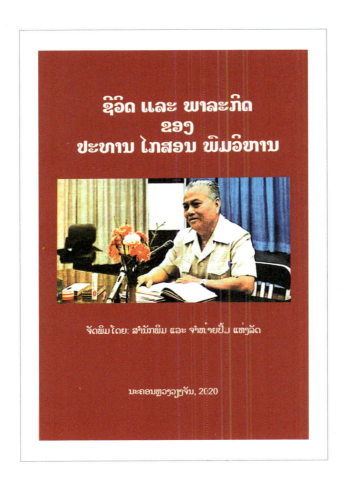

・《凯山・丰威汉主席的生平和革命事业》原书封面

亚洲经典著作互译计划

KAISHAN
FENGWEIHAN ZHUXI
DE SHENGPING HE GEMING SHIYE

凯山·丰威汉主席
的生平和革命事业

〔老挝〕凯山纪念馆管理委员会 / 编著

李小元 王璐瑶 何 斌 / 译

天津出版传媒集团

天津教育出版社
TIANJIN EDUCATION PRESS

图书在版编目（CIP）数据

凯山·丰威汉主席的生平和革命事业 / 老挝凯山纪念馆管理委员会编著；李小元，王璐瑶，何斌译. -- 天津：天津教育出版社，2023.3

ISBN 978-7-5309-8906-7

Ⅰ．①凯… Ⅱ．①老… ②李… ③王… ④何… Ⅲ．①丰威汉·凯山（Phomvihan, Kaysone 1920-1992）—生平事迹 Ⅳ．①K833.347=5

中国版本图书馆CIP数据核字（2022）第214135号

本书依据《中华人民共和国国家新闻出版署和老挝人民民主共和国新闻文化旅游部关于中老经典著作互译出版的备忘录》，由老挝文旅部委托老挝万象传媒独资有限公司，授权天津教育出版社在中国出版发行。
版权登记号　图字02-2022-250

凯山·丰威汉主席的生平和革命事业
KAISHAN FENGWEIHAN ZHUXI DE SHENGPING HE GEMING SHIYE

出 版 人	黄　沛
作　　者	〔老挝〕凯山纪念馆管理委员会
译　　者	李小元　王璐瑶　何　斌
选题策划	任　洁
责任编辑	谢　芳
特约编辑	张文萱
装帧设计	郭亚非

出版发行　**天津出版传媒集团**
天津教育出版社
天津市和平区西康路35号 邮政编码300051
http://www.tjeph.com.cn

经　　销	新华书店
印　　刷	天津新华印务有限公司
版　　次	2023年3月第1版
印　　次	2023年3月第1次印刷
规　　格	32开（880毫米×1230毫米）
字　　数	150千字
印　　张	6.25
定　　价	39.80元

前　言

　　编写本书是为了纪念老挝功勋卓著的伟大民族英雄、老挝人民的优秀儿子凯山·丰威汉主席，他把毕生的心血和智慧奉献给了民族解放、保卫和建设国家的伟大事业。为纪念凯山主席诞辰100周年（1920年12月13日至2020年12月13日），凯山纪念馆管理委员会组织收集其生平资料和革命事迹，总结中央和国家机关各部门及地方机构的研究成果，举办了五次关于凯山主席生平和事业的学术研讨会，其中万象市两次，外省三次，邀请曾同他一起开展革命运动的资深领导人及其身边的工作人员出席会议，共同回顾了凯山主席科学的领导方法和工作方法。此外，我们还从曾支援老挝革命斗争的越南专家处，以及凯山纪念馆合作伙伴胡志明纪念馆获得了许多宝贵资料。

　　凯山纪念馆管理委员会根据这些丰富的资料编撰了凯山传记第三版。与前两版相比，这一版内容更加翔实。同时，在语言和内容方面采纳了相关人员对前两版提出的意见和建议。

　　当然,本书可能依然存在历史事件不够完整、时间不够清晰、遣词造句不够妥当等情况,希望得到读者的批评,以便再版时完善和改正。

目 录

CONTENTS

第一章

青少年时代（1920—1945）

凯山·丰威汉于 1920 年 12 月 13 日岀生于沙湾拿吉省坎塔武里县①纳升村，父亲卢安②在法国殖民政府官员高·米歇尔的办公室担任翻译，母亲娘铎③是沙湾拿吉县美丽的农家女孩。1920 年初，卢安与娘铎喜结连理，婚后育有三个孩子：凯山、沙婉通和贡玛妮。

凯山年幼时，父母和姨妈娘潘对他照顾得无微不至。娘潘姨说："哄他睡觉的时候，我得把他放到摇篮里，给他唱歌，不然他就不肯睡。"④在母亲的养育和家人的关怀下，凯山茁壮地成长起来。

---

① 现更名为凯山·丰威汉市。
② 卢安于 1887 年出生，1972 年去世，享年 35 岁。
③ 娘铎于 1900 年出生，1985 年去世，享年 85 岁。
④ 根据 1993 年 9 月 24 日娘潘在沙湾拿吉的口述资料整理。

　　凯山的家庭教育非常严格,卢安教导孩子们必须尊敬长辈,听父母的话。他养育孩子的方式也与众不同,比如,他让孩子喝煮沸过的牛奶,说这样的牛奶才卫生,对身体健康有益。卢安建了一幢小楼,做了烤炉,猪肉、牛肉、鸡肉和鱼都要烤熟之后再给家人吃。他非常爱自己的孩子,出门赴宴时常常吩咐用人多带回点儿好吃的给孩子们。他还亲自给凯山洗澡。由于生活习惯良好,注意个人饮食卫生,凯山和两个妹妹都很健康。

　　卢安特别关心孩子们的精神生活。他请了一位名叫陶安的著名音乐老师教凯山敲木琴、吹芦笙①,教沙婉通弹钢琴,教贡玛妮演奏管乐。卢安认为,通过学习音乐,会让人热爱生活,进而更加热爱祖国。凯山从小就学习吹芦笙,并且精于此道。

　　凯山年幼时,母亲常带他去离家不远的沙湾拿吉县中心的塞亚普寺,那里供奉着许多佛像,造型精美,庄严肃穆。这座寺庙建成于1902年,寺里有位名叫本恩的僧人接受娘铎的供养,后来成为凯山的老师,备受凯山尊敬。本恩向凯山传授佛教教义,讲述道德典范"桑信赛"②的故事。凯山在越南求

①1999年,沙湾拿吉的芦笙演奏家本伯说,凯山同志教他吹芦笙,教的是老挝传统孔沙万曲调。
②译者注:桑信赛,又称信赛,为老挝17世纪长篇叙事诗《信赛》中的主人公,智勇双全,见义勇为。

学期间,每逢假期回到沙湾拿吉,常常去塞亚普寺阅读贝叶经文,研究老挝民俗。后来凯山参加革命成为领导人之后,还曾兴致勃勃地向其他同志讲述"桑信赛"的故事。凯山高尚的人格和品德,从少年时代已可看出端倪。

凯山 6 岁时,卢安开始教他老挝语和法语,7 岁去沙湾拿吉省北村(塞亚普村)的老挝语小学和南村(他曲村)的法语小学上学。

上小学时,凯山天资聪慧,勤奋刻苦,法语进步很快。卢安对儿子的表现赞赏有加,唯独潦草的字迹让他不太满意,他提醒儿子要好好练习书法,争取写得漂亮一些。

娘铎曾教育儿子:"要认真学习,才能当官获取俸禄,当父母老了才有能力赡养父母。要像佛祖一样善良和隐忍。"凯山幼时乐于学习新鲜事物,在小伙伴中表现十分突出。他曾向教授风俗的长者学习。老人家教育他要持戒守律,言行一致,不欺不诳;身为男子汉,要勇敢坚毅,不畏艰难;要虚心学习他人长处,不骄不躁;要增长智慧,博闻强识,如此才能赢得好口碑。长辈的教诲在凯山幼小的心灵里烙下了深刻的印记,鞭策着他奋勇前进,直到成为老挝革命领导人以后也不曾忘怀。

法国人称沙湾拿吉为"天堂之门"这里物产丰富,森林茂密,风景优美,让人流连忘返。凯山参观了历史文化遗迹后,了解了颇加多奋起反抗法国殖民者的英雄事迹,对这片土地上的璀璨文化有了更深刻的认识。

凯山爱好踢球、射击和斗鸡等体育运动。他的同班同学曾回忆说:"我还记得,每到星期四和休息日,我们两三个小伙伴就一起去凯山哥家玩。凯山哥说,我们一起吃芒果吧。他进屋征得母亲同意后,就拿出气枪跟我们说,看谁射得准,打下哪个就吃哪个。话音刚落,他就举枪打下了一个,而我们都是爬到树上去摘。还有一次,他拿着那把旧气枪约我们去打鸟。我们在他家附近田埂上转悠了半个小时,碰到五六只鸟,凯山哥一枪就打中一只,我们赶紧跑过去捡起来。那天我们吃到了香喷喷的烤鸟肉,就着糯米饭,蘸着辣酱,真是太美味了。还有一个星期四的下午,天气炎热,凯山哥约我们去湄公河洗澡。我们脱下帽子和衣服,堆在河边,然后比赛跳水,一起游到河中央,数凯山哥游得最远。"①可以看出,凯山非常擅长射击和游泳。

1934 年上半年是凯山在法语小学上学的最后一个学期。他学习很用功,每天除了在课堂上学习之外,晚上还在家复习到深夜,有时还去朋友家补习。凯山学习新知识很快,每篇课文都力求理解透彻。因此,他的作业总是能得高分。可以说,凯山是一个成绩优异的学生。

时光飞逝,一晃到了期末,凯山争分夺秒地复习功课,希望能考取小学毕业证书。考试的日子如期而至,父亲卢安非常担心。凯山感受到了父母的担忧,就对他们说:"你们放心

---

① 方富云. 回忆我们一起上学的日子//老挝社会科学委员会. 凯山·丰威汉——人民的儿子. 万象:潘努德占出版社, 1991: 191—192.

吧,我会努力考过的。"凯山果然没有让父母失望。

　　小学毕业后,凯山为参加中学入学考试作准备,继续刻苦复习功课。那时,沙湾拿吉还没有中学,要想继续学业,只能去万象或者越南河内。经过一番仔细考虑,父亲决定送凯山去河内上学,那里是当时印度支那的社会文化和政治中心。

　　1934 年末,凯山离开家乡沙湾拿吉赴河内上中学。凯山母亲家的亲戚回忆道:"在孩子临行前两三天,娘铎向神灵祈祷,保佑儿子在国外求学期间学业有成,身体健康,平平安安。"卢安那几天每夜都陪伴在儿子身边,教育他说:"为了自己的将来,为了家庭和社会,你一定要努力学习。爸爸对你要求严格,也是希望你能成为一个对社会有用的人。"

　　这是凯山第一次离开家人前往国外学习和生活,由于他年纪尚小,卢安特意请了一位朋友开车送他到河内。抵达河内之后,因为准备充分,凯山顺利考入了波德多拉学校,越南人称之为柚子学校①。该校建成于 1907 年,1908 年开始招生,是由法国驻印度支那总督决定建立的。学校位于西湖畔,西湖比还剑湖和禅光湖还要大好几倍。学校制定了严格的规章制度和课程表,对师生的任务、上课时间、复习时间、休息时间等都有详细规定。

　　除了学习以外,学生们还组织了很多社团,也制定了详细

①学校因坐落在柚子路上而得名。1945 年 8 月革命胜利后,越南政府以本国一位伟大文学家的名字将该校更名为朱文安学校。

的规章制度。因此，虽然他们接受的是殖民地学校的教育，但很多人的爱国热情被激发，革命觉悟也被唤醒，逐渐成长为杰出的革命者，如：阮文渠（1938年任印度支那共产党总书记，1940年1月被敌人逮捕）、吴家自（1930年至1934年期间，印度支那共产党内活跃的理论家和组织者之一）、范文同（后担任越南政府总理）。还有谢光宝、孙七松等伟大的科学家以及阮公欢、春妙、秀肥等著名文学家，都曾在该校上过学。

得知凯山考入柚子学校的消息后，父亲颇为欣慰。他写信鼓励凯山要继续努力学习，取得好成绩。作为老挝留学生，凯山被分到了学校球场附近的宿舍，住3层4号房，从宿舍望向窗外，可以看见西湖。凯山每个月支付16基普①的食宿费和4基普的学费。此外，他每个月还会省出一些钱来改善生活，隔一段时间去一次东双市场买水果。他经常买香蕉，因为香蕉营养丰富，价格也便宜。有时父母寄钱晚了，他只得向同学借。凯山具有老挝人谦虚、纯朴的品质，与同学相处十分融洽，大家亲密无间。星期日休息时，越南同学常邀请凯山到家里做客，或者一起去欣赏河内美景。

那时柚子学校的校长是法国人奥迪永。有一次他问凯山想不想家，凯山回答："特别想，但是在这里同学们都相亲相爱，我感觉很温暖，很开心。"柚子学校的学制是4年，每周27

---

① 印度支那货币单位。1基普＝100阿特。当时1阿特可以买6公斤大米。注：基普和阿特为老挝解放前货币单位。

课时,其中法语课 12 课时。此外,还开设了数学、物理、化学、科学、地理、文学、历史等课程以及 3 课时的越南文学。所有课程均用法语教学。凯山需要同时学习法语和越南语。[1] 同学们都认为凯山的学习能力非常强,他不仅接受新知识快,晚上还会用功复习。凯山曾跟同学说:"佛祖教诲我们,人必须精进笃行。我们没有任何理由违背这样的教诲。"在树立革命理想之前,凯山曾认真研读了佛教教义。在他的课桌上,除了课本,还能看到佛教经典。[2] 老挝人民信奉佛教,家庭中的男性到了 20 岁,大部分必须出家为僧一段时间以报答父母恩情,同时提升德行、增长才干,此后可以还俗继续过普通人的生活。因此,凯山对佛教有所研究也就不足为奇了。

从第一个学年(1935—1936)起,学校安排凯山在 C 班学习,直到 1939 年凯山完成初中课程。

在学校,除了学习以外,凯山还热衷于体育运动,特别是踢球。下午放学后,他常约上同学一起去学校球场踢球。凯山善于控球,球滚到哪儿,他就跟到哪儿,努力抢球。因此,同学们都亲切地叫他"老黄牛"。每天,凯山很早就起床锻炼,再在上课前温习半小时功课。在远离父母的环境中,凯山一直

[1]抗战时期,法国记者采访凯山时,请他用法语回答问题。那个记者说:"我没想到他的法语说得这么好。"
[2]1994 年 1 月 19 日在河内举行的交流会上,根据凯山在柚子学校同学的回忆整理。

这样严格要求自己,体现出高度的自律。

每逢晚上或休息日,只要听到学校宿舍中有笙乐响起,大家就知道是老挝学生在吹芦笙了。很多同学听到凯山吹奏芦笙都觉得心旷神怡,大家从乐曲中感受到了欢快的情绪和淳朴的文化。

凯山请越南同学教自己越南语,同时他教他们老挝语,大家互学互鉴,共同进步。

晚上复习完功课,凯山就约上同学围坐在自己的床边,一起讲故事或越南语笑话,有时越南同学也会请凯山讲一些老挝民间故事。凯山讲过许多故事,如:关于老挝民族起源的神话故事《布耶亚耶》,讲述先祖如何建立老挝王国,以及在后来漫长的历史中如何形成了现在的老挝;关于《昆布罗》的故事,讲述了天人下凡,如何战胜灾难、开荒种田,克服种种困难;《帕拉帕拉姆》赞颂英雄人物勇敢坚毅,为了保卫家园,经受严峻考验,战胜了凶恶的敌人。不论哪个故事,凯山都讲得绘声绘色,深深地吸引了所有听众。凯山曾说:"用越南语讲故事是练习越南语的一个好方法。"

凯山在学校结交了许多朋友。到了老挝新年时,凯山为好朋友们举办了一场拴线祝福仪式,这是老挝的美好民俗传统,体现了同学之间的深情厚谊。虽然国家不同、语言相异,但是大家团结友爱、亲密无间、互相尊重,这段岁月也成为凯山记忆中珍藏的一段人生经历,对凯山形成忠诚勇敢、不懈斗争的品格有很大影响,同时凯山也一直致力于建立并维护老越之间的友谊和特殊团结关系。

1935 至 1936 学年的旱季假期，凯山休假回家探亲，父母欣喜地欢迎儿子回来，大家都夸奖凯山头脑聪慧、做事认真。其间，凯山又去塞亚普寺拜访了本恩师父。[①] 本恩对凯山勤奋学习的精神非常满意，但凯山蹩脚的书法依然让他耿耿于怀。凯山表示理解，但他对师父说，文字贵在内容，不能只论外形是否美观。

凯山在柚子学校上学期间，越南人民开始掀起反对法西斯反动势力的运动，包括各个阶层、党派、民族和政治组织在内的印度支那民主阵线诞生。该运动由印度支那共产党直接领导，有力地推动了民主和进步的斗争。此后，各种形式的群众斗争运动蓬勃发展起来。

这一时期的革命进步报纸日益增多，特别是 1936 年，越南共出版了 277 种报纸，1937 年公开发行的报纸更是达到 289 种。许多报纸进入柚子学校，学生们纷纷阅读越南语和法语的报纸。广受欢迎的有《劳动报》(Le travail)、《集合》(Rassemblement)、《人民》(Le peuple)、《越位》(En avant)、《我们的声音》(Notre Voix)，其中又以《集合》和《劳动报》影响最大。除此之外，《青年报》也开始受到学生们的关注。在柚子学校的最后一个学年，凯山偶然读到印度支那共产党主办的一份重要报纸《民众》，第一次接触到印度支那共产党的名字。虽

① 根据 1993 年 9 月 23 日本恩师父在沙湾拿吉的口述。

然凯山爱好阅读，但当时还缺乏政治意识，没有被动员起来；另一方面，他还只是个青年学生。尽管如此，凯山还是热衷于学习和阅读进步书籍和报刊。有一次，凯山正在阅读关于印度支那共产党革命和改革理念的报纸，校长荷里埃[①]突然走过来。凯山来不及藏好报纸，被校长瞥见了，荷里埃问他："革命是什么？改革是什么？"凯山一言不发，荷里埃也默默地离开了。此后，同学们都很担心凯山会被逐出学校。[②] 但幸运的是，那天以后他什么事也没有。西萨纳·西山是凯山的老乡，曾与凯山一道参加革命，他回忆道："那时并没有想过社会主义或者共产主义是什么。"[③]

1936 年至 1939 年期间，越南国内发起了要求自由民主的青年斗争运动，柚子学校的学生们也积极支持，印度支那共产党的思想深入进步学生心里，激发了他们的爱国革命热情。学生们研究学校所教的知识，辩证思考，并以此探索自己前进的道路，即"符合历史发展方向的民族解放道路"。凯山求学期间，把柚子学校称为"时政前沿"，因为在印支半岛上发生的每一起政治社会事件，学生们都能很快得到消息。很多家长

[①] 荷里埃接替奥迪永担任柚子学校的校长。
[②] 1994 年 1 月 19 日在河内举行的关于凯山在柚子学校学习期间的事迹交流会上，根据当时凯山的同学回忆整理。
[③] 西萨纳·西山. 忠于革命和人民 // 老挝社会科学委员会. 凯山·丰威汉——人民的儿子. 万象：潘努德占出版社，1991：23.

在法国的殖民统治机构中任职，学生回家听父母聊起相关的事情，上学后又转告给同学们。就这样，消息很快传播开来。另一方面，学校里消息灵通的学生常常一走就时事交流看法，共同支持印度支那共产党发动和领导的民主运动。凯山参与了给北部统治者的联名上书，向印度支那总督表达柚子学校学生们的诉求，要求自由权利，改善印支三国人民生活。凯山参加了学校的爱国学生会，在学生内部秘密介绍进步书籍并进行导读。凯山还参加了 1938 年 5 月 1 日在河内首次公开举行的国际劳动节庆典。

这一时期，柚子学校的学生们也发起了生活作风和思想道德建设运动，目的是让法国人明白，殖民地的人民也是文明人，并非如一些殖民者宣称的"野蛮未开化"。为了展示良好的风貌，学生们一致决定要培养朴素的作风，不追求奢华的装扮，不贪图享乐，说话要谦虚礼貌，最重要的是要努力学习。法国历史和法国文学是学校强制学生必修的两门课程，带有明显的思想导向性。有些学生不愿学习，认为这无异于强迫印度支那人民必须终生从属于"宗主国"，承认"宗主国"为文明国家，而老挝、越南、柬埔寨三国为"野蛮国家"。但是凯山不这么想，他曾提醒同学们应该学习法国的语言、历史和文学。凯山的想法是正确的，他并不排斥法国文学，同时对全人类值得尊重的优秀文学作品都有着浓厚的兴趣。

但凯山也在思考，法国殖民者为什么要吹捧法国文化而贬低老挝、越南、柬埔寨的优秀文化？他们推崇巴尔扎克和维克多·雨果,但从不提及老挝的民族英雄法昂王、苏里亚·冯萨、赛塔提腊王、颇加多、翁乔、贡玛丹、昭法巴斋等人,也不提越南的著名英雄、作家和文学家,如:陈兴道、黎利、光中、阮寨、阮玉等。凯山认为这不公平,他开始对殖民者在印支三国的教育产生了质疑。尽管如此,凯山并未放弃学业,依然刻苦认真地学习。凯山曾在和同学聊天时说:"我要好好学习,让法国人见识见识我们老挝人的毅力和智慧。"这个来自沙湾拿吉的学生夜以继日地一心扑在学习上。他常常想,如果我们希望为祖国作贡献,就要努力学习,如果没实现目标就退缩的话,生命就失去了价值,也就不配做男子汉。其他一些同学也萌生了类似的想法。在后来的革命时期,他们纷纷扛起枪奔赴战场,保家卫国。凯山在毕业之后就回到自己热爱的故乡,投身到民族解放的革命事业中。

1939 年,凯山完成初中学业并获得毕业证书。当时的凯山 19 岁,恰是风华正茂的时候,他为选择自己的人生道路做好了准备。凯山的毕业考试成绩优异,学校称赞他是个全面发展的好学生,只是许多老师还是对他潦草的字迹不甚满意。

据凯山的同班同学回忆,初中毕业后,凯山邀请一些好朋友在河内游玩,到访了西湖、真武观、河内大教堂、还剑湖、延祐寺等地。然而意想不到的是,他们在游览时竟然被法国特务跟踪了。原来他在学校参加民主运动时引起了法国特务的注意。根据 1938 年法国特务档案记载,当时有一个在柚子学校读书的老挝人,喜欢阅读印度支那共产党的书籍和报纸。

但那人是不是凯山还未查清，由于他们并没有注明名字，也没有足够的证据，凯山才免于被捕。

1939 年旱季假期时，凯山回家探亲。父母和家人看到凯山获得初中毕业证书都非常高兴，觉得他再经过三年的高中学习就能进入大学了。母亲见儿子如此有出息，暗暗在心中向佛祖及所有神灵祈祷，保佑儿子成为德才兼备的人。凯山告诉母亲，佛祖得到众生的顶礼膜拜，一定会保佑那些工作勤劳、学习刻苦、坚忍不拔的人。

在越南留学期间，亲历过印度支那民主阵线的革命运动（1936—1939）之后，凯山开始思考老挝民族的未来，现在"红色革命浪潮"正席卷越南，将来老挝又将走上怎样的道路呢？在旱季假期，他如饥似渴地阅读大量书籍和报刊，了解仍处于半殖民地半封建社会的老挝的实际情况。他去拜访作为佛教界的知识分子、同时也视若兄长的本恩师父，相互交流对于国家形势的看法。本恩的观点是，若想帮助老挝人民摆脱贫困和落后，必须通过道德途径，培养慷慨、慈悲、平等、大方、友爱、互助等精神。凯山认为，佛教能以道德规范教化民众遵守社会秩序，因此，可以将佛教教义中的精华运用到民族解放事业中来。

假期中，凯山利用一切时间，在图书馆和寺庙里收集许多介绍老挝的书籍和报刊认真阅读。① 他研究发现,20 世纪 30 年代是法国殖民者在老挝殖民剥削的一个重要转折时期,他们在万象、琅勃拉邦、沙湾拿吉、巴色等地建了一些发电厂,为法国人和城市里的重要机构服务。法国殖民者开始挖掘锡矿,此外,法国资本家每年在老挝砍伐数万吨柚木和交趾黄檀等贵重木材,建立起一批由法国人管理的庄园。他们把交通分为国道和地方道路两个系统,开始在部分省份修路,通过汽车运输,沿着 9 号公路可以从老挝的沙湾拿吉通往越南的东河,沿着 13 号公路能从老挝万象通往柬埔寨的上丁。因此,印度支那三国之间的贸易也有所发展。20 世纪 30 年代到 40 年代,老挝经济特别是生产、交通运输和物流等领域发展较快,工人阶级随之诞生,却只能为殖民者的剥削政策服务。凯山提出了一个问题:为什么在经济发展的情况下,老百姓的物质文化生活水平仍然很低? 他问了许多人,他们都说生产和贸易的利润被法国资本家和封建统治阶级剥削一空。在研究法国驻老挝殖民统治机构的同时,凯山还研究了殖民者在其他国家的统治机构。他了解到老挝封建阶级作为统治阶级由来已久,虽然也曾领导民众抗击外敌侵略,涌现了法昂王、赛塔提腊王、阿努冯王等许多英雄人物,但是封建统治阶级存在根本的局限性,他们不可能改变统治制度,只是试图利用权力

---

① 凯山在印度支那法律学院的同学回忆道:"上学时,凯山深入研究了法国殖民者对印度支那的侵略历史。"

来服务贵族和王室。而世袭制则让有能力的人没有机会施展自己的才华建设和发展国家，带领国家迈向新的文明。

　　凯山深入研究了老挝人民反抗殖民主义和封建制度的起义运动，尤其是 1901 年到 1937 年间，爱国人士翁乔、贡玛丹率先揭竿而起，依托长山山脉和波罗芬高原作为根据地，抗击法国殖民者的历史。他们带领老挝民众进行了长期的英勇斗争，要求殖民者承认老挝南部领土独立。贡玛丹在 1927 年 2 月 22 日致法国殖民政权的信函中写道："我们要求宣布老挝南部领土独立，我们不需要法国殖民者的统治，也不会向任何否认这一点的政权投降。"很明显，翁乔和贡玛丹为自己热爱的祖国争取独立自由的做法是非常正确的。但遗憾的是，与强大的法国殖民者相比，爱国力量还很薄弱。虽然爱国志士们浴血奋战，却只能以失败告终。1936 年 9 月，在波罗芬森林战役中，英雄贡玛丹英勇牺牲，之后他的儿子西吞·贡玛丹被捕。从那以后，法国殖民者控制了整个波罗芬高原。尽管如此，殖民者却无法扑灭老挝各族人民的爱国精神。

　　20 世纪 30 年代这场旷日持久的爱国运动期间，还爆发了多次由印度支那共产党领导的革命斗争。出生于 20 世纪 20 年代和 30 年代的老挝年轻人受到万象、沙湾拿吉、巴色、他曲、波宁、朋第等地 6 个党委的影响。也是在这个时期，1934 年 9 月，各支部代表在万象市湄公河中央的北星荔岛召开会议，选举产生印度支那共产党老挝地区委员会。自那以后，老挝人民的斗争运动开始与印度支那和世界革命进程紧密联系起来,这是爱国斗争运动向爱国革命运动转变的重要里程碑。

1936 年初,著名的朋第和波宁锡矿工人发起要求提高工资的斗争运动,开启了老挝人民斗争的新阶段。之后,路桥工人、电力工人和木材加工工人在万象开展运动,要求改善生活。1937 年,锡矿工人发起第二次斗争。1938 年,川圹省农场工人和甘蒙省群众陆续起义,反抗横征暴敛。法国殖民者想方设法阻止对基层人民的一切革命宣传。

凯山了解到,在印度支那革命时期,老挝的形势已经进入新的阶段。有时他不想继续学习,渴望亲身参与到争取国家独立的斗争中去,但同时感到自己的能力还不足以承担艰巨的革命工作。另外,父亲卢安不断敦促他回河内继续学业,母亲娘铎也有着同样的想法。为了不辜负父母的期待,1939 年,凯山返回河内继续上学。他越发勤奋学习,争取获得高中毕业证书,考上大学,这将是一个非常艰巨的任务。

1941 年,凯山高中毕业,考进了印度支那大学医学系。父母得知这个消息后非常开心,母亲娘铎尤其自豪,她骄傲地对亲友说:"我的孩子成才了!"[1]凯山就读医学系实现了父母的夙愿,他们曾说:"(凯山)当了医生我们就不用依靠谁,也不用害怕谁了,不用怕当官的,也不用怕法国人,更不用当谁的奴隶。"[2]然而,在医学系学习了两年后,凯山不愿再继续学医

---

[1] 据 1993 年 9 月 24 日,娘潘在沙湾拿吉口述。
[2] 2001 年凯山的妹妹沙婉通访问凯山纪念馆时提供的资料。

了,无论家人怎么劝说都无济于事。他选择了退学,申请报考法律学院(Ecole Superieure de droits)。后来,凯山如愿以偿地进入法律学院,信心满满地开始新的学习。

这所法律学院是根据法国总统 1931 年 9 月 11 日签发的文件设立的,前身为 1924 年 9 月 18 日根据法国驻印度支那总督的决定建立的"印度支那高等学院"(Ecole des haudes Indochinoises),主要教授法律、政治、历史和哲学。报考条件为必须具有国内系统高中教育或三年制法语高中教育毕业证。考入这所学校的学生享有每个月 30 基普的生活津贴。

凯山之所以决定报考这所大学,是因为他对法律产生了浓厚的兴趣,在这里他能学习法律,了解法国殖民者在印度支那统治机构的实质。凯山曾说过:"我想参加革命运动。"[1]明确的目标成为鞭策他努力学习的动力。他阅读了很多有关法国殖民者在印度支那颁布的法律、决议、协议和补充协议的书籍。法律学院位于黎圣宗区[2],那时叫"波比洛路"(Boulevard Bo billot)。当时凯山住在巴教路的留学生宿舍区,邻近现在的河内大学,他每天骑自行车去学校,有时步行两公里。虽然条件艰苦,但他毫不退缩,仍坚持不懈地学习。

正当凯山全身心投入学习时,越南、老挝和柬埔寨陆续发生了很多重大政治事件。国际形势的变化给印度支那三国带

---

[1] 据凯山在法律学院的同学口述。
[2] 黎圣宗是 1460—1497 年期间在位的越南后黎王朝的国王。

来了复杂的影响。1939年9月,第二次世界大战全面爆发,印度支那各国陷入危机,必须寻找出路,摆脱敌人日益残酷的剥削和压迫,团结爱国力量和革命力量,推翻帝国主义及其走狗的政权。为了抗击帝国主义,印度支那共产党中央决定建立印度支那三国统一战线。全体革命者一致认为,法西斯发动二战,为印度支那三国的革命运动创造了条件和机会。因此,爱国人士和革命者的当务之急是做好全面准备,等待合适的时机起义夺权。当前最重要的任务是加强在老挝、越南和柬埔寨的革命基层组织建设。

1940年6月①,以希特勒为首的纳粹德国开始攻打法国,法国投降。日本法西斯也借机攻击法国在印度支那的统治力量。那时,法军和日军在印度支那地区对峙,直到1940年9月,日本军队攻下了越南的谅山、涂山、海防。在日军的进攻下,法军节节败退。同时,日本军队勾结泰国军队在泰老和泰柬边境发动战争。战争持续了半年(1940年9月至1941年3月),老挝沙耶武里和占巴塞两省被泰国占领。日军对法军的威胁越来越大,1941年12月8日,法国被迫签订承认日本军队占领印度支那的协定,印度支那成为日本的军事基地,受到日本的统治。老挝和越南一些地区的人民由于无法忍受日本法西斯和法国殖民者的压迫,陆续发动起义。当时印度支那革命的主要目标是准备武装起义,推翻日本法西斯和法国殖

---

①译者注:应为1940年5月。

民者的统治,夺取政权归还给人民。194□年5月,胡志明主席在越南高平省召开了第八届印度支那共产党中央会议,巩固党的领导机构和印度支那革命力量,同时制定了印度支那各国民族解放革命路线。本次会议的焦点是民族问题必须在印度支那各国内部解决。越南建立了由各爱国团体组成的爱国组织——民族独立同盟(简称"越盟"),其中包括救国青年团。老挝和柬埔寨分别建立了民族独立阵线,所有这些组织的目标都是打败日本和法国侵略者,赢得国家的独立和自由。民族独立阵线的建立,标志着各国民族解放运动的发展进入了印度支那三国统一战线的新阶段,这一阶段持续了相当长的一段时间。

新时期的斗争迫使法国将部分权力归还给老挝,包括老挝人可以担任省长,老挝国王有权统治万象、川圹、华孔①三省,承认西萨旺·瓦塔纳的继承权,并于1941年12月恢复了佩差拉亲王的封号。

凯山在河内发行的报纸上得知了这个消息,他认为,没有斗争就没有权力,尽管这些权力还掌握在封建统治者手中。那时的爱国和革命报刊书籍深深地影响了青年凯山。他所在的法律学院出现了许多不同的政治倾向。革命思想渗透到学生内部,大家秘密讨论时局。一些学生表示自己不愿参加政治活动,现在要集中精力学习,考取毕业证书,然后去做官领

①译者注:老挝解放前北部省份,大致位于今天的琅南塔一带。

俸禄。但也有很多学生怀着报效祖国的想法,积极研究时局,认为争取民族解放是印度支那各国的唯一出路。凯山洞悉老挝和越南的局势变化,自愿走上了革命斗争的道路。他一边争分夺秒地学习,一边练习拳击,当时河内的年轻人中兴起了学拳自卫的热潮。此外他还演唱老挝歌曲,讲述法昂王、颇加多、翁乔、贡玛丹、昭法巴斋等老挝英雄故事。他曾提出一个问题,老挝只有200万人口,怎样才能战胜法西斯和帝国主义侵略者呢?他认为,只有全国人民团结起来才能夺取胜利。1944年底,越南黄耀城救国青年团决定吸收凯山为团员。

这一时期成为凯山政治生涯的转折点,而远在沙湾拿吉的父母并不知道儿子作出了怎样的政治选择。历史证明,凯山选择了最正确的道路。在参加救国青年团以后,凯山积极动员青年和学生与日本和法国殖民者作斗争。① 当时的河内受到法国和日本双重统治,但实际上所有的权力都掌握在日本人手中。日本北部法庭有权判决当地人的各项事务,成立组织必须得到日本北部法庭的许可。这一时期,越南学生与青年联合会②计划每周日在法律学院俱乐部举办有关战争形势和科学的演讲,按照规定,这类活动也需要报请北部法庭批

---

① 西萨纳·西山. 忠于革命和人民 // 老挝社会科学委员会. 凯山·丰威汉——人民的儿子. 万象:潘努德占出版社,1991:26.

② 成立于法国统治时期,在1945年8月革命爆发之后,许多学生参加革命,另外一部分人投靠法国殖民者,还有一部分人投靠了日本侵略者。

准。在举办演讲前,越南学生与青年联合会递交了申请书,一个月以后才获得日本当局的批准,而且条件是"发言稿必须提前审查"①。一些参加活动的越南学生与青年联合会成员证实,有一次,老挝学生凯山在法律学院俱乐部发表演讲,要求殖民当局把民主权利和生活权利交还给老挝人民。他在演讲中时而用法语,时而用越南语,时而又用老挝语,大家十分赞赏他的演讲能力。

1945 年 3 月的一天下午 5 点半,凯山和同学一起去越南学生宿舍区参加雒龙君法会②。1945 年 4 月 1 日,越南学生与青年联合会隆重举行了越南爱国学生阮太学的追悼会,一首《无名战士之魂》的曲子给学生们留下了深刻的印象。之后,越南学生与青年联合会的代表讲述了阮太学坚持与法国殖民者英勇斗争直至生命最后一刻的英雄事迹,参加追悼会的人看到凯山一直驻足倾听。③ 后来,凯山担任老挝党的总书记时,曾对一位越南专家说,他非常敬佩阮太学反抗法国殖民者的精神。同时他认为,阮太学失败的原因是未能制定出团结

---

① 节选自日本北部法庭长官 1945 年 6 月 12 日签发的《关于允许越南学生与青年联合会举办演讲的 676 号信函》。

② 雒龙君是越南神话中的一位国王,和妪姬公主结婚,妪姬生了 100 个蛋,其中 50 个变成了男性,另外 50 个变成了女性。

③ 我们找到了 1945 年 4 月 1 日 17 点在河内举行的越南爱国学生阮太学追悼会的流程文件,但是很遗憾,这份文件并没有记录参加者的名单。

全体民众抗击法国殖民者的路线。阮太学于 1908 年出生[1]，是印度支那高等商业学校的学生，也是越南国民党的领导人。1927 年至 1930 年间，他与法国殖民者进行斗争，之后被捕，于 1930 年 6 月 17 日在安沛遇害，年仅 22 岁[2]。在法律学院读书时，凯山喜欢去俱乐部听有关时局的讲座，有时去听诗人春妙介绍文学作品和爱国诗歌，或者参加知识分子道德教育协会（越南人常称之为"进步思想启蒙会"）举办的音乐会。大家都认为凯山在学生时代非常活跃。

　　1945 年初，印度支那的政治形势异常复杂，日本法西斯加紧创造"必要条件"，力图把法国殖民势力排挤出印度支那。3 月初，法国驻印度支那总督德古[3]受日本驻西贡高官之邀，前去讨论工作。德古一到西贡就被日本人监禁，无法指挥法国军队，导致法军陷入混乱。日本则加紧准备推翻法国势力，两国之间的冲突一触即发。印度支那共产党中央敏锐觉察到了"脓包将破"的形势，3 月 9 日，党中央常委会召开特别扩大会议，讨论印度支那革命的新形势和新任务。会议召开当天，日本发动了针对法国的政变，旨在颠覆法国殖民者在印度支那

---

① 译者注：应为 1902 年。

② 译者注：应为 28 岁。

③ 1940 年 6 月 25 日，德古被任命为印度支那总督，正式履职时间为 1940 年 7 月 19 日。 译者注：1940 年德古接替卡特鲁担任印度支那总督。

的统治,进而实施更为残酷的法西斯统治。趁日本发动政变的机会,党中央制定策略发起抗日救国运动,为印度支那人民起义夺权奠定了基础。行动首先从越南开始。3月12日,会议一致通过关于"日法交战及我们的行动"①的决议。决议包括几个问题:评估新形势和新情况,转变党的战略战术,对在印度支那地区抵抗法国和建立抗日民主统一战线的态度,当前最紧急的任务是准备支援盟军。"日法交战及我们的行动"决议的主要思想,实质是指导印度支那人民在起义前的革命活动,当形势向对人民有利的方向发展时,坚决、彻底、迅速、创新、勇敢、坚毅地加快开展革命活动,促进抗日斗争运动,进而起义夺取政权。这个决议强调了"最后的胜利必将属于我们",具有历史性意义,标志着新阶段的开始,是印度支那各国革命运动的重要转折点。

凯山在河内上学时,从同学那里获悉了这个决议的内容,他对于印度支那革命即将到来的这一机遇感到无比高兴。作为救国青年团的成员,他感受到要为祖国解放事业贡献力量的责任。虽然那时他还不太清楚自己的国家形势如何,但他知道,自1899年4月19日以来,自己的祖国被法国殖民者纳

---

① "日法交战及我们的行动"是印度支那共产党中央常委会1945年3月9—12日在越南河北举行的扩大会议的决议,以1939—1945年党的文件的名义印发,（越南）中央党史研究委员会,1977年,第393页。

入了印度支那联邦。^① 他认为,当日本在越南发动对法国的政变后,也有可能在老挝采取同样的行动。但他万万没想到,日本推翻法国在越南的统治后,马上就攻占了老挝。1945 年 3 月 15 日,日本政府宣布承认老挝王国政府,并强迫老挝国王发表声明:"原法属老挝王国现在已成为独立国家,并决定与日本开展全领域合作。"凯山心急如焚,他走访了越南的各个村庄,每到一地都能看到与从前大不相同的景象,县长、省长等官员们诚惶诚恐,民众却欢呼雀跃,枪声不时响起,欢呼声、鼓声、梆子声震耳欲聋。那时,他十分想念父老乡亲,想念故乡沙湾拿吉,对祖国感到忧心忡忡。日本在河内发动政变后,印度支那法律学院暂时停课,在这期间,凯山积极参加越南救国青年团的活动。同时他也非常思念祖国和故乡,于是决定回到沙湾拿吉,组织力量参加抗击日本法西斯的起义夺权运动。

---

① 印度支那法律学院的同学回忆道:"上学时凯山对法国殖民者在印度支那地区的侵略有深入研究。"

第二章

参加推动民族解放斗争运动（1945—1946）

 1945 年 4 月底,凯山搭乘亲戚家的车从河内回到了沙湾拿吉。回到家乡后他很快了解到,老挝的国内形势同越南一样复杂。看到儿子突然回家,父亲卢安和母亲娘泽大为不悦,凯山向父母详细地解释了缘由:1945 年 3 月 9 日,日本人在河内发动了针对法国人的政变,法国人(包括法国籍的教师)被迫逃离。父母了解时局后,逐步理解了儿子的行为。

 凯山清楚地认识到老挝革命力量和反革命力量的悬殊。当时老挝的反革命力量包括日本军队、法国军队及其走狗。凯山开始向沙湾拿吉的民众尤其是青年宣传爱国思想,他明确地告诉所有人,盘踞在老挝和越南的法国殖民者已经被日本法西斯打败了,日本法西斯正在控制整个印度支那,因此,我们的任务是积蓄力量起义,抗日救国。印度支那共产党领导了老挝救国青年团和老挝、泰国的救国越侨会,在抗日力量

"自由泰人运动"的帮助下,汇集成一股巨大的力量,准备在老挝起义夺权。这支力量被命名为"伊沙拉①军",由数千人组成。军队跨越泰国边境,进入老挝中部和南部的万象、他曲、沙湾拿吉和巴色等地区,这也是老挝最早建立军事力量的一些地区。同时,还有学生、知识分子、王国官员、小资本家及投诚的敌军等,他们组成一支爱国力量,命名为"老宾老",意为老挝人的老挝,其宗旨是依靠联盟的力量争取国家独立。在短时间内,多支爱国力量和革命力量陆续诞生,不少人投身到民族解放事业中。随着爱国革命力量的发展壮大,印度支那共产党中央委员会及时决定为老挝革命增加骨干党员,这也直接促成了老挝地区临时党委的恢复。凯山虽然只是印度支那救国青年团的成员,但是与当时在沙湾拿吉活动的一些印度支那共产党党员保持着一定联系。

当时,世界形势急剧变化,1945 年 5 月 9 日,纳粹德国无条件投降。胜利的消息传来,印度支那各国深受震动。老挝的爱国民众虽然比越南民众晚一些得知这个消息,但也大受鼓舞。他们认为,在不久的将来,日本法西斯集团必将向盟军投降。不出所料,1945 年 8 月 9 日,苏联红军攻入伪满洲国,在接下来的一个星期内对日本关东军进行了闪电作战。8 月10 日,中国军队在中国北部、东北部、中部和南部发起了对日军的大反攻。苏联红军和中国军队的胜利,改变了世界部分

①译者注:伊沙拉,意思是"自由"。

政治格局,日本军队陷入溃败。面对法西斯势力的瓦解,印度支那共产党中央委员会及时召开紧急会议。1945 年 8 月 13 日,印度支那共产党第一次全体会议在越南宣光省山阳县新潮乡举行,老挝地区党委也派出代表参加。会议分析了国际形势和印度支那各国的局势,提出起义夺权的时机已经到来,必须把握住这个千载难逢的良机,争取国家独立。大会决议中还提出"要特别帮助老挝地区党委"。胡志明主席专门会见了老挝地区党委与会代表,详细询问老挝局势,他说:"目前的形势对印度支那国家的人民非常有利,有条件的地方一定要赶在盟军进来之前完成夺权。在越南如此,在老挝也是如此。越老要团结起来打败共同的敌人。"

　　1945 年 8 月 15 日,日本法西斯向同盟国无条件投降,为印度支那国家发动起义创造了机会。8 月中旬,起义夺权运动率先在万象爆发。当时,老挝形势十分复杂。在日军发动政变后,法国军队躲到丛林里。日本投降后,法国军队卷土重来,占领了琅勃拉邦,强迫国王发表"老挝王国继续处于法国统治下"的声明。日本在印度支那的统治机构已基本瘫痪,但在老挝仍顽固地控制着工厂和政府机构,等待法国军队到来之后才予以交付。万象党委识破了这个阴谋,发动人民起义夺权。8 月 16 日,万象的 500 名纺织工人向日本军队抗议,要求把工厂交还给老挝人民,并向工人支付工资。在工人撤退前,日本士兵开枪扫射,造成多人受伤,工人领袖被捕。万象市民在工厂外抗议,谴责日本士兵的暴行,日本人不得不释放被捕工人,并将工厂交由老挝工人管理。

继万象省及全国各地纺织工人运动胜利之后,各地的学生、官员、商人纷纷发动起义,同时,大量敌军也起义投诚,回归人民。在万象热烈的革命气氛影响下,沙湾拿吉人民成功起义夺权,当时凯山正在沙湾拿吉。

日本发动政变后,法国军队溃不成军。然而日本失败后不久,法国人又阴谋重新占领沙湾拿吉。这时,凯山和沙湾拿吉的人民代表正在同日本人交涉,要求将政权归还给老挝人民。1945 年 8 月 31 日,日本人同意交出 120 杆枪和多箱子弹。同时,人民武装力量在沙湾拿吉成立。此外,还有凯山领导的伊沙拉武装力量。凯山和西萨纳·西山①来到班索村(位于沙湾拿吉市南 11 公里处),迎接伊沙拉武装力量与人民武装力量在沙湾拿吉会师,整合成统一的武装力量。这两支武装力量和沙湾拿吉的越南侨民为守卫沙湾拿吉作出了积极贡献。此时的老挝革命武装和越南侨胞武装力量空前团结。

随着沙湾拿吉武装力量的建立,色本县和孟品县也建立了由人民组建的武装力量。当得知孟品县遇到困难后,凯山带领一支军队从沙湾拿吉出发,前往支援当地人民起义夺权。据苏万通·布帕努冯回忆:"在孟品县小学,凯山同志与大家谈及最近军民起义夺权所取得的胜利,他号召所有人努力完成自己的任务。"

---

① 西萨纳·西山当时在凯山创建的人民武装部队中。

1945 年 9 月 9 日，法军从南北两个方向同时发起对沙湾拿吉县的进攻，人民武装力量予以坚决回击，北边的敌人节节败退，撤往丛林，南边的敌人则攻到了爱国武装力量的军营附近。西萨纳·西山回忆起当时的紧急情况时说："凯山同志进入塞亚普寺时，老挝官员、日本官员和刚进入沙湾拿吉的法国官员正在谈判，谈判结果是法国军队撤出沙湾拿吉。虽然战火暂时平息了，但是城市的保卫工作依然需要加倍重视。"

1945 年 8 月 23 日，万象市民在新市场区组织了游行示威，高喊"老挝独立万岁"的口号，随后革命政权建立。10 月，琅勃拉邦市民也发动起义，要求建立革命政权。从 8 月 23 日到 10 月短短两个月的时间内，革命政权在万象、他曲、沙湾拿吉、川圹、华潘、琅勃拉邦等地相继建立。为了推动革命形势进一步发展，10 月 1 日至 3 日，爱国人士代表大会在万象原法国籍省长的府邸召开，讨论组建老挝伊沙拉政府，起草宪法，确定国旗和国歌，通过老挝伊沙拉临时政府人员名单。这次会议具有重要的历史意义，促成了老挝历史上的重大政治事件——1945 年 10 月 12 日，老挝在万象体育场宣布国家独立，同时公布了进步宪法，标志着老挝获得了独立，所有公民在法律面前享有平等的权利。新政府被命名为"伊沙拉临时政府"，政府构成具有广泛统一战线的性质，除了为独立和自由而战的人士之外，还有卡代·敦萨索里特等右翼势力。历史证明，伊沙拉临时政府的建立，体现了老挝各族人民渴望国家独立的愿望。

伊沙拉临时政府成立一个月后,1945 年 11 月 10 日,西萨旺·冯国王在万象签署诏书,宣布退位。诏书包括以下内容: "1. 本人西萨旺·冯真心接受巴特寮①的统治;2. 本人在位时没有同法国使节签署任何有关老挝的协定;3. 新政府无论以何种形式组建,对于其组建者,本人不会心怀仇恨,望双方达成谅解。谨以此文为证。"②

虽然伊沙拉临时政府刚刚成立,但是在国际舞台上已经有了一定的知名度。1945 年 10 月 14 日,越南民主共和国政府致电承认伊沙拉政府,体现了老越两国之间充满希望的新关系。10 月 16 日,《老越互助条约》在万象市签署,10 月 30 日正式生效,标志着老越军事联盟统一战线的建立。

1945 年起义夺权的胜利,为老挝赢得了独立。起义夺权的胜利来自于政治斗争和人民武装斗争的配合。这是老挝人民英勇抗击侵略者的优良传统的胜利,是在老挝人民革命党前身即印度支那共产党的领导下,将政治斗争与人民武装斗争相结合,爱国主义自立自强精神与革命英雄主义相结合取得的胜利,是及时抓住日本向盟军投降的契机取得的胜利。

---

① 译者注:狭义上的"巴特寮"是指 1950—1965 年老挝共产主义者对其军事武装的自称,广义上(国际上)则用"巴特寮"泛称老挝共产主义运动。

② 马哈西拉·维拉冯.1945 年 10 月 12 日的历史.万象:巴巴萨·甘品出版社,1975:29.

而各族人民团结抗敌，则是老挝这种人口较少的欠发达殖民地国家能够成功起义夺取政权的决定性因素。1945 年老挝革命的性质比较复杂，既要从日本法西斯手中夺取政权，又要抗击企图卷土重来的法国殖民者，之后还要保卫刚刚建立的新政权。因此，这次革命同时具有起义和革命战争的性质。关于这次起义胜利的意义，凯山表示："这次胜利标志着一个新时期开始了，广大人民被动员起来，自觉与敌人进行殊死斗争，保家卫国。"①

老挝独立后不久，法国殖民者重返印度支那，再次占领了老挝。1946 年 3 月 10 日，法军占领沙湾拿吉，3 月 21 日占领甘蒙省他曲。侵略者用飞机和大炮疯狂破坏他曲，造成大量老挝平民和越侨伤亡，苏发努冯也在空袭中受重伤。辛加坡·西科朱拉马尼在《为保卫他曲而战》一书中写道："老挝人和越南人的鲜血将湄公河染红……1946 年 3 月 21 日成为两国人民对殖民掠夺者的仇恨日。"

在沙湾拿吉工作了一段时间后，凯山回到河内。此时越南的形势也非常复杂。胡志明主席领导的越南政府掌控着革命巨轮之舵，历经暗礁险滩，穿越暴风骤雨。

凯山住在河内卡欧路 44 号的一间屋子里。在河内，他与越南朋友会面，继续参加斗争运动。在《忠于革命和人民》一

---

① 凯山·丰威汉. 老挝人民革命党 25 年来的斗争和胜利. 万象：老挝国
　家出版社，1980：8—9.

文中,西萨纳·西山写道:"那时的河内洋溢着热烈的革命气氛。"①一切涉及殖民者的言行,都会遭到坚决回击。凯山曾说:"1945 年底,我从沙湾拿吉回到河内后,有一次差点儿被抓走。"问起事情的缘由,凯山回答道:"他们说我是法国混血儿。那时如果谁穿着白色、红色或蓝色的衣服,就会被抓捕或者被审问。"至于他是怎么脱身的,凯山说:"也没什么特别的,我只是告诉他们我是老挝人,他们就放我走了。"1946 年 3 月至 12 月间,凯山在河内参加了老越联络组的工作。这个组织聚集了河内及越南各省的老挝人,旨在建立旅居越南或流亡到越南的老挝人救国组织。

1946 年,凯山第一次见到了胡志明主席,他回忆道:"他谈到了很多问题,但核心内容是,越南人和老挝人必须团结起来反抗法国殖民者,救亡图存。老挝人必须建立抗战组织,建立革命基层组织,发展武装力量。"②

凯山在越南活动的时候,老挝人民与卷土重来的法国殖民者进行了多次斗争。

为保存力量进行长期革命斗争,1946 年 4 月,万象伊沙拉部队指挥部决定将革命力量从城市撤离。伊沙拉政府中的一

---

① 老挝社会科学委员会. 凯山·丰威汉——人民的儿子. 万象:潘努德占出版社,1991:29.

② 老挝社会科学委员会. 凯山·丰威汉——人民的儿子. 万象:潘努德占出版社,1991:28.

部分人撤到了泰国,得到当时泰国政府的积极帮助;另一部分人则从万象撤往越南,以组织力量返回老挝,在第7、8、9、12号公路沿线以及老越边境地区开展游击战。

1946年10月,在越南民主共和国政府的帮助下,老挝沙湾拿吉、甘蒙、川圹、华潘等省的革命武装力量在越南荣市召开会议,组建老挝东部抗战委员会,诺哈·冯沙万任主席。之后这支力量回到老挝进行抗法斗争。1946年底,越南形势告急,法国殖民者攻占了越南多个省区。12月17日至18日,法军发动了对河内的进攻,河内军民英勇抵抗。面对这样的形势,12月18日至19日,印度支那共产党中央常委会在越南河东的万福召开会议,由胡志明主席主持。会议制定了越南全国抗战的路线和政策。19日下午6点,越南国防部长兼国民军最高指挥官下令全体武装力量准备战斗。不久以后,胡志明主席发表声明,号召全国人民起义,斗争运动席卷了整个印度支那地区。

为了贯彻全民全面长期斗争精神,越南政府决定迁出河内。凯山从河内撤离后,北上到越南北部。1947年初,凯山在第12区的宣传部门工作。他撰文敦励老挝和越南人民发起斗争运动。1948年初,凯山受命返回老挝开展革命工作。此后,凯山的生活及革命事业进入了与老挝各族人民并肩反抗法国殖民者侵略的新阶段。

第三章

抗法斗争（1946—1954）

自 1946 年的年中起,老挝人民的抗法斗争进入了新阶段,呈现新的发展趋势。革命力量陆续在各地建立根据地,持续打击敌人,不断取得胜利。6 月,各个特派工作组分赴沙湾拿吉东南部和沙拉湾西北部开展工作。10 月,老挝东部抗战委员会成立,由诺哈·冯沙万直接领导和指挥。此后,甘蒙、沙湾拿吉、川圹和华潘省也先后建立了革命基层组织,革命力量进一步壮大。

12 月底,在印度支那共产党中央的领导下,撤往泰国的老挝武装力量陆续回国,建立反法根据地。同时,中部的革命武装力量也建立起来。在各个革命根据地,老挝的武装力量只有一到两个排,负责保卫根据地,宣传动员和组织群众反抗法国殖民者。在川圹省,杜·亚塞朱建立的巴斋部队和辛加坡·西科朱拉马尼指挥的武装力量指挥部联合起来打击敌人,建立抗战根据地,发动游击战争,削弱敌人的力量,保卫地下战线(秘密战线),即从泰国经波利坎县到越南的第4区,这是印度支那共产党重要的联络线。

万象省、甘蒙省他曲和欣本以及川圹省孟莫和孟模等地的武装力量对敌人进行了有力的打击。`门·宋维吉指挥的"法昂"武装部队成立后,对万象省的敌人展开了持续的攻势。

1947年4月,苏发努冯亲王在老挝南部建立了两个独立连,起名为"塞佳卡帕(意为战胜帝国主义)"连和"三森泰(意为30万人民)"连,由本·冯玛哈赛、奔·匹巴色、坎代·西潘敦、西吞·贡玛丹和森·马诺望指挥。这些部队在占巴塞和阿速坡一带活动,并在13号公路南段和湄公河沿线打击敌人。

1947年9月,老挝西北部组建了老挝第二抗战委员会,由富米·冯维希直接领导和指挥。

1948年,革命力量继续在沙耶武里省巴口县、川圹省孟莫县、万象省孟防县及东部各个地区建立革命根据地。可以说,1946年至1948年是建设革命力量、贯彻印度支那共产党转变斗争方向政策的准备阶段。正如凯山总结的那样:"我们大部分抗战力量转入农村,广泛动员群众,团结一致抗击敌人,开展游击战争,建立群众政治力量和人民武装力量,开辟抗战根据地,这是当时革命的中心任务。"[1]

---

[1]凯山·丰威汉.老挝革命的若干主要经验和新方针的相关问题.万象:老挝国家出版社,1979:14.

在这种形势下,为了加强老挝北部力量,1948 年 2 月 28
日,印度支那共产党中央委员会决定组建老挝北部突击队,由
第 10 联合区党支部负责执行。5 月 14 日,第 10 联合区党支
部通过了关于建立老挝北部突击队的决议[1],指定凯山为总指
挥,黄勇松[2]为党支部书记,负责政治工作。老挝北部突击队
共有 14 人[3],任务是建立基层组织,发展武装力量,在华潘、琅
勃拉邦和丰沙里等老挝北部各省建立根据地,其中以华潘省
为中心。

1948 年 5 月底 6 月初,老挝北部突击队在凯山的指挥下,
开始向与越南山罗省接壤的华潘省香科县劳洪村平沙、蒙那、
帕峦等地进军。到达平沙之后,部队就地休整,同时侦察当地
情况。凯山派人潜入村庄仔细打探,然后分成三个小组分别
在香科县、孟艾县和桑怒县活动,执行动员群众的任务。凯山
和指挥部驻扎在劳芒村和坦玛洞。每隔一段时间,各个小组
就到坦玛洞向指挥部详细汇报工作。

根据黄勇松的叙述,行动小组一边打击敌人,一边在香科
县等地积极发动群众,成效显著。突击队的工作取得可喜的

---

[1] 该文件陈列在凯山纪念馆中。

[2] 黄勇松是越南人,老挝名字叫西松潘,退休后住在河内市高亚区 B36
号,于 2002 年逝世。

[3] 第 10 联合区党支部决议规定 14 人。董东发表在 1997 年 8 月越南
《军队文艺》杂志第 48 页的回忆录中写的是 16 人,而凯山简历文件
中记录的是 12 人。

进展,基层组织广泛发展,武装力量逐渐壮大,不断对敌人进行打击,一时名声大振,人民欢欣鼓舞,敌人闻风丧胆。行动小组的革命活动形式多样,通过大力宣传,吸引民众参与,发展革命眼线,同时教育群众不要与伊沙拉的敌人为伍,不加入敌人的部队。门提老人有个孙子在香科的敌军中当排长,老人按照凯山的指示,设法说服孙子追随伊沙拉,回归人民。经过一段时间的动员,门提老人的孙子逐渐认识到之前选择的道路是错误的,决心带领自己整个排的士兵,回到人民群众之中,共同参加民族革命运动。这样一来,革命武装不费一枪一弹就攻下了敌人在香科的军营。

在落实印度支那共产党委托的工作中,凯山逐渐成长为一名杰出的革命者。他坚韧不拔,深入基层,立场坚定,亲军爱民,对印度支那共产党有着深刻的理解,全心全意投入革命。这是老挝北部突击队党委对凯山的评价,第10联合区党委对此也表示认同。1946年1月6日,凯山成为印度支那共产党预备党员,并于同年7月28日转正。这是凯山革命生涯中的重要事件,实现了从量变到质变的飞跃,从自发地爱国转变为自觉地爱国,从一个普通的爱国者转变为真正的革命者和共产主义者。

加入印度支那共产党是凯山革命生涯的重要转折点,结束了他对前进道路的摸索,开启了新的征程。这是一个需要将国家和人民从外国侵略者统治枷锁中解放出来的艰苦卓绝、充满考验的斗争时代,时代呼唤积极、勇敢、忠诚、创新、灵活并具有政治敏感性、对革命胜利怀有坚定信心,同时具备革命运动领导才华的领导人。凯山显然符合这些要求,最终成为老挝民族解放运动以及党和政府的杰出领导人。

1949 年后,老挝革命达到了一个新的高度,革命力量日益壮大。"救国会""贡玛丹爱国会""苗族救国会"等组织相继成立,发挥了广泛的作用。各地区也建立了自己的革命武装力量,在缺乏统一指挥的情况下,各自为战,分别抗击敌人。凯山领导的老挝北部突击队迅速壮大,南玛河沿岸聚居地的基层组织建立起来,香科县作为革命战略要地必须解放,以作为进入华潘等老挝北部各省的防御支撑。一支 20 多人的武装力量建立起来,这些年轻人都来自宣传工作成效显著的革命基层组织。

1949 年 3 月 1 日,南部地区抗战委员会在阿速坡省(现色贡省)达正县成立,坎代·西潘敦代表老挝革命政府任总指挥。在中部(甘蒙省、沙湾拿吉省),以玛·凯坎皮吞为主席的抗战委员会采取"转战平原"的策略,用"连独立,排分散"的方法扩大战线,推进武装宣传工作,革命力量深入甘蒙省的玛哈赛、欣本、岗高、9 号公路和 13 号公路沿线地区。推进的主要方向是沙湾拿吉 9 号公路沿线地区,旨在将全国的抗战根据地连成一片。老挝革命形势的发展和越南、柬埔寨等兄弟国家革命的胜利,迫使法国殖民者从"速战速决"战略转变为"以战养战""用当地人打当地人"的长期战略。

法国政府决定向印度支那增兵。面对这种情况,印度支那共产党制定了"拒敌于根据地外"的政策，用独立连的方式开展游击战，将建立武装宣传队与打击敌人相结合。总的指导方针是以游击战为主，进而建立人民武装力量。武装力量分为主力部队、地方部队和民兵游击队三类。政治上，努力团结全体民众，扩大民族统一战线，巩固革命政权，推动革命运动日益发展壮大，最终迈向胜利。

　　由于制定了符合实际的政策，老挝革命迅速发展，各地和各抗战区的多支人民武装力量陆续建立起来。在不具备从中央到地方集中统一领导条件的情况下，武装力量在地方领导集体的指示下开展活动。但自上而下统一领导已经成为印度支那共产党中央亟待解决的问题。1949 年 1 月 20 日，根据印度支那共产党中央的指示，在第 10 联合区的直接领导下，凯山在华潘省香科县劳洪乡宣布，在"拉萨冯"①人民武装力量的基础上成立老挝伊沙拉部队。选举产生由凯山·丰威汉、坎代·西潘敦、奔·西巴色组成的最高军事指挥部，由凯山担任总指挥。此后，1 月 20 日成为老挝人民军建军节。

　　老挝伊沙拉部队的正式成立，结束了松散的、缺乏统一指挥的革命斗争阶段，是老挝革命的重要转折点。老挝伊沙拉部队得到全国各族人民的衷心拥护和全力支持，在老挝抗法革命斗争中不断壮大，领导老挝革命坚定地走向最后胜利。

---

① "拉萨冯"是由凯山创建并直接指挥的人民武装力量，在宣布老挝伊沙拉部队成立后当天，宣布将这支武装力量命名为"拉萨冯"。

人民武装力量一边与法国侵略者持续斗争,一边动员民众组建民兵游击队抗击敌人的扫荡。在这个阶段,敌人曾多次包围和追捕凯山。由于得到群众的掩护,凯山总能安全地从敌人的包围圈中脱身。其中有两次最为惊险,一次是敌人突袭扫荡乔湾村,当时凯山正在森当老人家工作,未能逃出村子,森当老人把凯山藏在火炉旁边的床下。按照兴门族的习俗,外人不允许触碰老人家里的床。敌人搜遍了整个村子也没发现伊沙拉的人,只好悻悻地离开了。还有一次,敌人突然闯入村子,森当老人给凯山穿上破旧的衣服,让他背上背篓,拿起镰刀,老人装作很生气的样子对凯山说:"给马割草去!马都没吃的了!"凯山装成哑巴,低着头从敌人旁边混过去,并没有引起敌人的怀疑。凯山和武装宣传队很好地完成了党交给的任务。凯山和同志们在这个地区点燃的革命星星之火,大有燎原之势,必将带来持续的光明。人民群众开始理解革命,对革命产生信心,他们清楚地看到自己将来的道路。正因为如此,人民才用生命来支持革命,千方百计掩护革命领导人。

老挝伊沙拉军队(拉萨冯)建立之后,沿着香科县境内的南玛河两岸活动。每到一处,伊沙拉军队就在群众中建立革命基层组织,带领群众组建革命政权,进行策反敌军的工作,并积极组织和训练游击队,有效地遏制了敌人的扫荡行动。1949 年 6 月,拉萨冯部队策反了 33 名敌军,并吸收他们加入了革命队伍。11 月,拉萨冯部队和游击队及越南志愿军打响了南玛河战役,一边作战一边策反敌军,同时动员人民起义,摧毁了敌人的营地,迫使敌军 9 个营投降。凯山指示伊沙拉部队帮助香科县的抗战委员会废除落后的旧制度和独裁制度,民众获得了真正的民主和自由。此后,民众对革命的信心更加坚定,对老挝伊沙拉部队的支持和帮助也日益增加,伊沙拉部队顺利地完成了自己的任务。在华潘省香科县开展工作的同时,凯山还派遣人员去华潘省孟松县,琅勃拉邦省巴仙、巴乌、孟奥以及丰沙里省和琅南塔省开展工作。革命政权和游击队、群众组织及各级机构纷纷建成。在短短的时间内,革命队伍壮大到 5 000 多人。

1950 年,伊沙拉部队在琅勃拉邦省的南盛河地区向敌人发起进攻,并劝降了敌军一个排的士兵。1949 年 8 月到 10 月,万象军民组建万象地区抗战委员会。10 月 25 日,坎冒政府宣布解散。当天,苏发努冯亲王在泰国曼谷代表抗战力量召开记者会,谴责坎冒及其党羽的叛变,并发表声明:"老挝各族人民将继续反抗法国殖民者。"苏发努冯亲王呼吁老挝全国人民团结一致,坚决抗击法国殖民者,争取祖国的独立和自由。坎冒任总理的老挝伊沙拉临时政府就此宣告结束。此前,1949 年 4 月 17 日,法国殖民者在泰国建立了老挝傀儡政府,并同傀儡政府签订协议,扶植傀儡政府在老挝为法国服务。这个傀儡政府遭到了老挝全国人民的坚决抵制和强烈谴责。

在此后将近一年的时间里(1949 年 10 月至 1950 年 8

月），老挝都没有抗战政府，但是各地各级的抗战委员会继续
巩固和发展，抗战团体依然在全国范围内活动。老挝北部和
南部纷纷建立解放区，西北部的许多地区也获得解放，开始建
立根据地，革命武装力量在政治思想和组织建设方面不断巩
固，老挝革命领导趋向统一化。作为老挝伊沙拉部队的最高
领导人，凯山始终对党和祖国忠诚，为人民而战，紧紧依靠人
民，把斗争作为革命胜利的坚实基础，带领全体老挝人民进行
长期全面的斗争，推动革命不断向前发展。

从 1950 年开始，印度支那战场局势出现了新变化，越南
的斗争运动进入向敌人发起大规模反攻、夺取决定性胜利的
关键时期。整个印度支那战场的力量对比向着有利于革命的
方向发展。老挝和越南的革命斗争在规模和成果上都有了新
的突破。但与此同时，印度支那革命正迎来巨大的危险和考
验——美帝国主义开始直接干涉印支三国。

以美国为首的帝国主义集团打着"反共"的旗号，大搞军
备竞赛，建立军事同盟，发动破坏世界和平的侵略战争。为扭
转法国难以挽回的失败和被动局面，美帝国主义加紧介入印
度支那战场，实施全球霸权战略。美帝国主义将老挝作为"全
球战略的关键和自由世界的堡垒"①，通过多种手段和方式，包
括对法国的经济和军事援助，逐步取代了法国对印度支那的

---

① 党中央理论与实践研究指导委员会.老挝人民革命党简史.万象：凯
　山·丰威汉纪念馆管委会印制，1997：64.

控制。从 1950 年开始，美帝国主义公然介入印度支那战争。

美帝国主义的意图是将法国及其走狗变为雇佣军，为美国的印度支那战争服务。

1950 年 6 月 30 日，美国第一批战备运输船抵达西贡码头，其中包括美国援助法国的 56 架战斗机和运输机、36 艘战舰以及可以装备 12 个营的战略物资。1950 年，美国向法国及其在印度支那的走狗提供了巨额援助。其中，军事援助 1.5 亿美元，经济援助 2 300 万美元。军事援助包括飞机 78 架、船只 42 艘、坦克和装甲车 200 辆、运输车 54 辆、弹药 67 000 吨。[1]

在美国的援助下，法国虽面临各种困难，但依然从国内和印度支那招募军队，扩充军事力量。1950 年，法国在印度支那战场的军力达 239 500 人。

由于美帝国主义的干涉，印度支那三国成为同一个激烈的战场和战略要地。印度支那共产党一届三中全会作出评估，印度支那已经成为同一个战场，整个老挝、越南和柬埔寨战场都在实施反攻战略，三国地理政治紧密相连，前途命运休戚与共。如果老挝和柬埔寨得不到解放，越南的独立就没有保障。同样，如果越南革命不能成功，老挝和柬埔寨的独立也无法得到保障。

为了执行新阶段的战略任务，老挝革命领导人面临的问

---

[1] 老挝社会科学委员会.凯山·丰威汉——人民的儿子.万象：潘努德占出版社，1991：54.

题是如何尽快组建抗战政府。苏发努冯、诺哈·冯沙万、凯山·丰威汉、富米·冯维希、奔·西巴色、坎代·西潘敦和西萨纳·西山当选为老挝全国抗战统一战线会议筹备委员会委员,本次会议旨在协商解决一系列重大问题。凯山以高度的责任心和创造性,认真完成了组织交给的任务。关于凯山在会议筹备期间的工作,富米·冯维希描述道:"这个年轻人身着卡其色的衣裤和帽子——这是他在华潘省组建的拉萨冯部队的标准装束。他身形健美,目光如炬,思维敏捷,说话时总是带着微笑。我第一次见到他就觉得他是个有知识有能力的人,但是他又很谦虚,这也是他受到身边同志尊重和爱戴的原因之一。凯山同志加入了印度支那共产党,在会议筹备期间,他经常向我们介绍马列主义理论和胡志明主席的教诲。关于会议筹备委员会的人选,凯山提议苏发努冯同志担任大会主席,他自己担任副主席。"①

筹备工作就绪之后,老挝抗战统一战线的代表们启程去越南革命根据地宣光省,正式召开老挝全国抗战统一战线会议。

参加代表大会的有全国抗战力量的 150 名代表,包括各民族、群众组织、宗教及各阶层的代表,以及被敌人占领的根据地的代表。凯山从桑怒出发,一边赶路,一边与敌人作战,

---

① 老挝社会科学委员会.凯山·丰威汉——人民的儿子.万象:潘努德占出版社,1991:54.

跋山涉水,风雨兼程,艰难赴会。1950 年 8 月 13 日至 15 日,
老挝全国抗战统一战线会议在越南越北根据地的宣光省正式
召开。富米·冯维希在回忆录中写道:"凯山同志是会议组织
工作的主心骨。他向大会建议组建民族统一战线,领导反抗
法国殖民者的救国斗争。他在大会上的每一项提议都符合客
观实际,切实可行,得到全体代表的一致通过。"[1]

　　会议通过了 12 项政治纲领,主要内容是:1. 打倒法国殖
民主义统治、美国干涉及卖国走狗。2. 建立独立、统一、繁荣
的老挝。3. 实现人民民主自由权,各民族平等、男女平等,信
仰自由。4. 没收法国殖民者及卖国走狗的财产。5. 取缔不公
正的税收。6. 发展工业、农业和贸易,解决交通运输问题,改
善人民生活,降低税赋。7. 颁布实施劳动和保险法。8. 消除
文盲,发展民族文化和教育。9. 发动人民战争,建立老挝人民
军。10. 致力于各族人民团结。11. 成立民族统一战线和伊沙
拉阵线。12. 加强国际团结,首先是与越南、柬埔寨的团结,驱
除同一个敌人,即法国殖民者和美国干涉。为维护世界和平
作出贡献。这些内容成为政治、军事、文化和国家建设事业的
纲领。

　　会议一致同意建立民族统一战线,反抗帝国主义和殖民
主义,命名为"老挝伊沙拉阵线"。会议选举了老挝伊沙拉阵线

---

[1] 老挝社会科学委员会. 凯山·丰威汉——人民的儿子. 万象:潘努德占
出版社,1991:54.

中央委员会,由苏发努冯亲王担任常务委员兼主席,辛加坡·西科朱拉马尼担任常务委员兼副主席,富米·冯维希担任常务委员兼秘书,诺哈·冯沙万任候补委员兼工人代表,西萨纳·西山任候补委员兼青年代表,凯山·发沙南①任中央委员,代表东北部地区,门·宋维吉任中央委员,代表万象地区,玛·凯坎皮吞任中央委员,代表沙湾拿吉地区,坎代·西潘敦任中央委员,代表南部地区,坎勒·赛亚西任中央委员,代表流亡人员和商人,帕因达·班亚任中央委员,代表僧侣和润族,麦坎迪任中央委员,代表农民和泰泐族,西吞·贡玛丹任中央委员,代表老听族,涅乌·罗比瑶任中央委员,代表苗族,鲁维(坎诺)任中央委员,代表哈尼族。

会议还建立了老挝抗战政府,苏发努冯亲王任首相兼外交大臣,富米·冯维希任内务大臣,凯山·发沙南任国防大臣,诺哈·冯沙万任财政大臣,昭苏·冯萨任教育大臣。会议选举佩差拉亲王担任伊沙拉阵线和老挝抗战政府顾问。

会议一致决定老挝革命的口号为"巴特寮独立、统一、强大"。

会议确定了老挝国名、国旗和国歌。

会议发表声明,号召全国人民不论性别、年龄,不分民族、宗教,团结一致,众志成城,争取抗战的全面胜利,把法国殖民者赶出老挝,打倒卖国贼,争取国家的真正独立和统一,全国

---

① 即凯山·丰威汉。

人民坚决反对、谴责和反抗帝国主义一切形式的干涉图谋。

老挝全国抗战统一战线会议的圆满成功是全国人民政治生活中的重大历史事件。这次大会吹响了冲锋的号角，号召人民继续抗战，直至夺取最后胜利，也标志着老挝革命的政治、军事和外交基础取得了长足的发展。巴特寮武装力量的诞生孕育了一个独立、统一、繁荣的新老挝。凯山说："伊沙拉阵线广泛动员各民族各阶层的民众，团结一致，救亡图存，反抗侵略者。伊沙拉阵线成功抗击了法国殖民者，圆满完成了自己的历史使命。"[1]

凯山作为老挝伊沙拉部队的最高指挥官在会上提出了一些建议，包括：巩固和发展革命武装力量，发展革命根据地，在农村、山区和城市打击敌人，依靠人民群众克敌制胜等。

会议结束后，凯山继续亲自指挥战役。当时，武装力量经过军事和政治锻炼后在数量和质量上得到了提升，主力部队、地方部队、民兵游击队密切配合，粉碎了敌人的多次扫荡，主动出击，持续打击敌人，保卫了革命根据地。1950 年，革命运动发生了巨大转变，抗战根据地自北向南得到巩固发展，各级革命政权接受军事委员会的统一领导，开展教育培训，组织人民群众行使当家做主的权利。1950 年 5 月 25 日，老挝抗战政府出台了关于在各省、县、区建立军事委员会和人民委员会的

---

[1] 凯山·丰威汉.老挝革命的若干主要经验和新方针的相关问题.万象：老挝国家出版社，1979：114.

第三号政令,随后又颁布了财政、教育等相关规定,旨在推动根据地不断发展壮大,形成统一的伊沙拉阵线组织体系。伊沙拉阵线遍布中央和地方,数以万计的群众加入组织,凝聚起全民团结抗敌的磅礴力量。

1950 年,老挝、越南、柬埔寨三国统一战线代表大会于 11 月 20 日至 22 日在越南越北根据地召开,苏发努冯亲王率领老挝伊沙拉阵线代表团参加了会议。

与会代表就统一战线的多个根本问题交换了意见,一致确定当前最紧迫的任务是建立三国联盟,在平等、互相尊重主权和领土完整的原则基础上全面互助,尽快实现印支三国的民族解放。

这次会议标志着一个新时期的到来,老挝、越南、柬埔寨人民将团结一致,为实现国家的独立、自由、民主、繁荣而共同奋斗。

1951 年,发生了一件对印度支那各国民族解放斗争具有决定性意义的事件。2 月 11 日至 19 日,印度支那共产党第二次全体会议在越南越北根据地宣光省沾化县荣光社正式召开。凯山率领老挝地区党委代表团参加了此次会议。抵达越北根据地后,老挝代表团受到胡志明主席的热情接待。这次会议首次从老挝、越南、柬埔寨三国基层党委和党支部中选举代表,共产生 158 位正式代表和 53 位候补代表,代表76 000多位党员。

胡志明主席向大会作政治报告,肯定了印度支那革命中党的政治路线和任务。当时的革命任务是领导抗战取得完全胜利。会议决定,越南党以"越南劳动党"（今越南共产党）的名义公开活动,老挝和柬埔寨根据本国特点成立自己的革命党。

会上,凯山就印度支那革命和老挝革命的发展路线发表了意见。他分析了老挝的社会特点和革命目标,以及党对革命的领导作用。同意会议对于老挝民族民主革命任务的认识,即团结全体人民,驱逐帝国主义侵略者及其走狗,争取老挝的完全独立和统一。在推翻帝国主义的同时,老挝革命必须消除封建残余和一切形式的剥削,让人民充分行使民主自由权利。

此外,凯山还提出未来建立老挝革命党的问题,他表示,在各国建立革命党符合各国革命发展的客观需要。

与会期间,凯山第二次与胡志明主席会晤。他后来回忆起胡志明主席的话:"老挝要努力组建革命党,加强领导老挝革命的能力。越南随时准备支持和帮助老挝同志。有了老挝革命党的领导,加上越南和各友好国家人民的支持和帮助,老挝革命必将取得胜利,请老挝同志们一定要相信自己的力量。"①

会上,越南同志向凯山赠送了 XYZ（胡志明主席的笔名）的著作《改进工作方法》。凯山拿到书后认真领会书中要义。

① 老挝社会科学委员会.凯山·丰威汉——人民的儿子.万象:潘努德占出版社,1991:32.

在老挝实现和平进入保卫和发展国家阶段后,凯山还经常研读这本书。[①] 他说:"这是我的指导手册,是对建立革命党真正大有裨益的一本书。书中阐明了革命党的本质,明确提出党要承担起民族解放的使命,实现国家独立、统一、富强,人民丰衣足食。工人阶级和劳动人民的政党作为领导者,必须与人民站在一起,维护人民的权益,密切联系群众,要用爱国主义和勤俭节约的精神教育党员和党员干部以及广大人民,依靠人民的巨大力量。党选拔群众中的忠诚和积极分子入党,团结凝聚群众,做群众的领导核心,齐心协力为党的事业而奋斗。胡志明主席十分重视党员干部的培养,他认为干部问题是每个革命时期都存在的迫切问题。因此,胡志明主席对这个问题的深入分析贯穿《改进工作方法》全书。"凯山深入学习了胡志明主席的著述,笃信"工作的成败取决于干部的强弱,这是一个必然的真理"。他认为,"遵循胡志明主席的教诲,对老挝革命很有帮助"。[②]

印度支那共产党二大之后,凯山和老挝的其他印度支那共产党党员受二大委托,建立了"老挝人民委员会",继续领导

① 在万象市凯山·丰威汉纪念馆凯山的卧室里,至今还保存着1959年第七版《改进工作方法》,书上有多处画线和标注,说明凯山非常细致地阅读过这本书。

② 老挝社会科学委员会.凯山·丰威汉——人民的儿子.万象:潘努德占出版社,1991:33.

老挝革命,为建立本国真正的党组织进行思想和组织准备。

在老挝革命日益发展壮大的同时,老挝、越南、柬埔寨三国的革命工作也需要各国加强协调配合,三国人民联盟体现出空前的重要性。1951年3月11日,老挝、越南、柬埔寨三国联盟阵线会议在越南的越北根据地正式召开,老挝伊沙拉阵线、越南国民联合阵线(越联阵线)、柬埔寨伊沙拉联合阵线分别派代表参加会议。老挝伊沙拉阵线代表团由苏发努冯亲王任团长。会议分析了老挝、越南、柬埔寨的斗争形势,认为印度支那三国人民的抗战是世界民主斗争运动与和平统一阵线的一部分,革命的性质是民族解放革命,主要任务是进行全民的全面长期斗争,驱逐法国殖民者和美帝国主义,实现三国的完全独立和自由,人民生活幸福安康,为世界和平事业贡献自己的力量。会议一致决定,本着自愿、平等、互助的原则,建立"老挝、越南、柬埔寨三国联盟"。三国联盟的建立,标志着印度支那革命的战略性胜利,沉重打击了帝国主义"分而治之"的政策。凯山对"老挝、越南、柬埔寨三国联盟"的建立表示欢迎和支持,认为这是三国并肩作战的历史性标志。

印度支那革命力量的日益壮大,加剧了法国殖民者和美帝国主义的恐惧,他们想方设法对革命力量进行疯狂反扑。1950年12月,法国政府任命塔西尼上将担任驻印度支那高级专员兼远征军总司令。塔西尼紧急召集军队,增强伪军力量,疯狂发动扫荡,积蓄力量准备反扑,妄图在印度支那战场上争取战略主动。

特别是在老挝,1951 年到 1952 年间,法国加大了对抗战力量根据地和各个村庄的扫荡力度,抓捕年轻人当兵,修建大量军营,加强匪军和别动队活动,企图在革命后方制造混乱。此外,他们利用上万伪军轮流对革命根据地进行残酷的破坏。

凯山指挥武装力量和全国人民坚定地投入战斗,挫败敌人的多次军事行动,保护了人民和根据地的安全。1951 年 4 月 15 日,老挝北部主力部队在孟立县桑怒公路沿线阻击敌人,消灭和俘虏敌军 380 人,其中法国士兵 17 人。4 月 24 日,琅勃拉邦省地方部队围剿了索宛营地的敌军。同时,伊沙拉部队和越南志愿军沿 7 号公路进攻,包围了石缸平原班版村。富米·冯维希组织集会庆祝这次胜利。1952 年 6 月 15 日,琅勃拉邦地方部队歼灭了巴劳营地约一个连的敌军。班胡村(波罗芬)、孟农县(沙湾拿吉)、乔塞(川圹省)、普坤山、孟麦县(万象)等地的游击队纷纷起来反抗敌人的扫荡,保卫自己热爱的家乡。

从 1950 年底到 1952 年初,万象、琅勃拉邦、川圹、桑怒、沙拉湾、阿速坡等地军民共同粉碎了敌人多次大大小小的扫荡。人民战争在广度和深度上迅速发展,武装斗争和政治斗争相结合的方式取得了可喜的成果。基层组织在巴色、沙湾拿吉和万象等各大城市广泛建立。凯山作出指示,要求将政治斗争运动与巩固根据地政权相结合,各级政府要充分调动群众的生产积极性,同时提供农业生产工具、粮食和日用品,逐步恢复人民的正常生活,巩固大后方。在农村和山区,积极开展文化教育和扫盲运动,提高人民知识水平。

外交战线方面,老挝伊沙拉阵线积极争取世界各国的支持,分别派遣代表团参加了在中国北京举行的亚洲及太平洋区域和平会议(1952 年 10 月),在奥地利维也纳举行的世界人民和平大会(1952 年 12 月),以及在罗马尼亚布加勒斯特举行的世界青年代表大会(1953 年 7 月)和世界青年与学生和平友谊联欢节(1953 年 8 月)。老挝人民的正义斗争得到了世界各国和平进步人士的声援和赞赏,老挝的国际影响不断扩大,国际地位显著提升,许多国家呼吁帝国主义和殖民者停止在老挝的战争。老挝卓有成效的外交工作,让世界人民进一步了解了老挝人民的正义斗争。1952 年 9 月,老越柬三国联盟会议在越北(越南)举行,会议分析了从三国联盟建立以来各国抗战形势的变化,就联合行动夺取各国抗战最后胜利的方针达成了一致。正如胡志明主席所说:"老越柬三国联盟并肩作战,必将驱逐我们共同的敌人——法国殖民者和美帝国主义侵略者。"[1]

1952 年,老挝国内局势发生了新的变化。法国殖民者增加军力,在桑怒修建了 11 座堡垒,组织 3 个步兵营和 1 个炮兵营进攻老挝北部。凯山认为,法国殖民者妄图切断老挝和越南抗战根据地的联系,老挝抗战政府决定粉碎敌人的阴谋。1953 年初,凯山和越南武元甲上将讨论了老挝局势和军事任

---

[1]越南《人民报》第 70 期,1952 年 8 月 14 日。

务,建议两国政府共同发起老挝北部战役。该建议得到两国政府的采纳。老挝北部战役迅速打响,从 1953 年 4 月 8 日持续到 5 月 3 日,取得了辉煌的胜利。

老挝伊沙拉部队会同越南志愿军,以桑怒为主要进攻方向,沿川圹省 7 号公路和琅勃拉邦省南欧江流域向敌人发起进攻,经过一番激战,几乎全歼桑怒敌军。革命军队在这次战役中共消灭敌军 2 800 人。在川圹省的 7 号公路沿线,革命军队攻打了敌人的农海阵地,迫使敌军从班版村撤离。此外,各抗战力量还在孟卡县(丰沙里省)、孟奥县(琅勃拉邦)打击敌人,迫使敌人从南乌江沿岸的 4 个阵地撤离。4 月 16 日,桑怒解放,4 月 19 日,川圹解放,意味着老挝革命军队在短时间内解放了华潘省、川圹省和丰沙里省的大部分地区,覆盖人口 30 万。华潘省的解放是老挝艰苦卓绝的革命斗争运动取得的重大胜利,不仅占领了战略要地,还为消灭敌人的有生力量创造了条件,推动了人民抗战根据地的发展壮大。①

琅勃拉邦、万象、占巴塞、沙拉湾、阿速坡等地的战斗依然持续。主力部队与地方部队和民兵游击队密切配合,在交通要道沿线发起进攻,捣毁了数十处匪军据点,俘虏敌军数百人。在老挝北部战役经验总结会上,凯山评价道:"这是老挝革命军抗击法国殖民者的重大进展,是老越革命军队紧密协作联合作战的完美体现,是两国军民牢固的战斗联盟英勇抗击外

---

① 《老挝抗战政府的声明》,文献现存于老挝国家博物馆。

敌侵略的生动诠释,这些英雄壮举必将为两国历史所铭记。"

老挝军民克服重重困难,越战越勇,屡战屡胜。1953 年
12 月,老挝伊沙拉部队和越南志愿军打响了进攻老挝中部甘
蒙省坎海村和纳袍村敌军阵地的战役,歼灭敌人一个装备 105
毫米火炮的炮兵营和两个机动营,摧毁了敌人的坚固防线。
12 月 24 日,解放坎格。12 月 25 日,革命军解放了他曲,13 号
公路被分割成许多段。老越两国军队密切配合,形成了有力
的压制态势,迫使敌人收缩阵地,陷入被动。法军担心抗战力
量发展到老挝南部,派遣了两个特殊机动营紧急支援驻沙湾
拿吉色诺的军队,遏制抗战力量,但无济于事,反而在色诺阵
地被革命军包围。同时,革命军还解放了阿速坡县、沙拉湾省
和波罗芬高原的一部分地区。

凯山和坎代·西潘敦认为,1953 年对老挝中部和南部的
胜利是一次全面的军事胜利,为加强 1953 年冬至 1954 年春
期间革命武装力量联合作战创造了条件。老挝革命领导人分
析了将老挝和越南西北地区连成一片广阔的解放区的可行
性,认为这将对法国殖民者形成新的威慑。此时,法国殖民者
在收缩兵力还是将兵力分散到整个印度支那地区的问题上产
生了分歧。法国是时候"有尊严地"从印度支那战争中退出
了,但勒内政府仍企图将老挝控制在自己手中,并力图保留在
越南和柬埔寨的部分利益。1953 年 5 月,法国政府派亨利·
纳瓦尔上将来到印度支那,计划在 18 个月内将印度支那三国
革命镇压下去。"纳瓦尔计划"体现了法国和美国新的目标,

妄图在两年时间内打败越南主力部队,重新夺回战场主动权。

1953 年,美帝国主义在朝鲜半岛停战后,裹胁法国殖民者继续推动印度支那战争。同时,美国开始扶植印支三国的亲美派,伺机取代法国。10 月 22 日,法国政府和万象傀儡政权代表在巴黎签署了所谓的友好协定,打着"独立""自主"的幌子,企图孤立抗战力量。凯山认为,这是美帝国主义和法国殖民者在老挝"分而治之"阴谋的一部分。"纳瓦尔计划"开始实施,具体措施包括征兵、扩充兵员,组建别动队破坏抗战区;动用 10 个营的兵力在老挝北部南乌江流域建立防御阵地,派遣两个步兵营和一个炮兵营增援他曲,防守老挝中部地区;在帕梯一带增派别动队和匪军,破坏老挝北部地区的革命基础。政治方面,法国和美国允许老挝王国政府与美国、英国、法国、泰国等国建交,便于万象傀儡政府在同巴特寮方面一道参与寻求政治解决途径的国际谈判时,能够占据政治和外交优势。

可以说,"纳瓦尔计划"给老挝革命带来了不小的麻烦。敌人伺机攻占解放区,压缩解放区的范围,利用别动队和间谍潜入解放区,秘密抓捕老挝革命领导人和核心干部,于是凯山便成了他们的主要目标。当时,最高指挥部位于华潘省的桑怒县,生活条件极其艰苦,有时甚至吃不上饭,只能挖地瓜充饥。凯山有几次生病发烧,很多天才康复。虽然处境艰难,但凯山仍然鼓励士兵坚持下去,努力完成任务。他很重视士兵的军事训练,比如射击项目。他表示,首先要会射击,然后还要打得准,这样才能消灭敌人。凯山有一把短枪,他经常邀请大家比赛打靶，对于表现优异者，他总会予以表扬，并奖励其一把新的短枪。他曾经告诫战士们："如果枪法不准，就没法保家卫国。"

　　1953年，凯山经常深入基层调研。他说："如果得不到民心，抓不好基层，就不可能取得革命的胜利。"凯山曾骑马或步行去各个村庄与老百姓交谈，无论村民人数多少，他都会向大家介绍老挝抗战政府及伊沙拉阵线的方针政策，以及人民战争和战役组织等情况。凯山深受民众的尊重和爱戴，老百姓经常邀请他去家里做客。在饭桌上，他会请三人的全家老小都坐下来一起吃饭，他说："吃饭要平等，不能区别对待。"那空·西沙农①回忆道："1953年，有一次我随凯山同志下基层工作。我们走访了一户人家，凯山同志同那家人聊起了关于抗战的事情，后来他们邀请我们一起吃饭。饭菜上桌后，我先尝了几口，主人见了笑着说，小伙子比领导还先吃啊。回来之后，凯山同志跟我说，你不应该先尝，那样做会让老百姓觉得我们不信任他们。老百姓都是好人，我们应该对他们有信心。"凯山就是这样一位对人民怀有坚定信心的革命领导人。

　　1953年底，在同军队指战员谈论武装力量建设问题时，凯山表示，当前，在推进群众政治力量建设的同时，我们也要重视人民武装力量的建设，开展武装斗争是老挝革命一贯的特

---

① 那空·西沙农曾担任凯山的警卫员，后担任少将、党中央委员、波里坎赛省委书记兼省长，退休后成为老战士联合会的成员。

点。我们的任务是大力建设强大的现代化军队,成为群众政治力量的坚强后盾。凯山表示,人民武装是党的战斗力量,也是党的政治力量。革命军队来自人民,为人民而战。此后,他又指示组建部队,增强军力,随时准备应对形势变化。主力部队必须在质和量上提高,民兵游击队必须加以巩固。每个省要有一个连,每个县要有一到两个排,积极动员青年加入主力部队、地方部队和民兵游击队,同时大力发展群众革命力量。

1953年底,革命力量为发起新一轮进攻作好了全面周密的战略准备,老挝、越南、柬埔寨三国抗战政府和最高军事指挥部协调配合,在1953年冬至1954年春发起战略进攻,旨在粉碎"纳瓦尔计划",夺取印度支那战场的决定性胜利。

1953年底至1954年初,老挝伊沙拉部队和越南志愿军在凯山和坎代·西潘敦的指挥下,在老挝中部和南部展开对敌人的反攻。这次战役摧毁了敌人的防御体系,解放了多个省市,扩大了老挝解放区,并与两个兄弟国家的解放区连成一片,从桑怒一直延伸到9号公路,从长山山脉密林到湄公河平原。

1954年初,在老挝中部和南部战役取得胜利的同时,伊沙拉部队与越南志愿军在老挝北部对敌人发起进攻,突破了敌人在琅勃拉邦省南欧江流域的防线,歼灭孟卡县、孟奥县和南乌江的守敌,解放了丰沙里省的部分地区。万象、华潘、川圹、甘蒙等各省军民同时对敌人发起进攻,歼灭敌军数千人,缴获大量军用物资。

在老挝全国军民成功抗击敌人的同时,1954年1月26

日，越南人民军攻入光中，解放太原省北部16 000平方公里的地区，覆盖人口20万，老挝解放区和越南解放区连成一片。当时老挝解放区的面积扩大到全国的一半，解放区人口占全国的三分之一。

为了加强印度支那战场的密切配合，夺取更大胜利，尤其是集中力量准备即将打响的奠边府战役，老挝伊沙拉阵线中央和老挝抗战政府在越南的越北根据地召开会议。会议结束后，凯山和坎代·西潘敦在桑怒讨论军队扩编事宜，为更大的战役作准备。此后，凯山赴老挝中部视察，走访了各支部队，同官兵共同讨论，与各阶层民众见面。凯山说："虽然老挝中部的形势有所发展，但力量还很薄弱，战斗组织不够稳固。因此，我们要进一步从广度和深度上夯实中部地区的革命基础。"

革命军民在印度支那战场上团结一心，持续反攻，迫使法国军队不得不分散兵力对抗革命力量，最终导致"纳瓦尔计划"破产，敌人再次陷入被动。尽管如此，法军仍然负隅顽抗，集结大量兵力盘踞奠边府，以作为大决战的战略要地。敌人的计划是将越南军队引诱至奠边府，然后将其一举歼灭。他们认为，只要在奠边府消灭了越南的主力部队，就能夺取整个印度支那战场的主动权。

奠边府战役于1954年3月13日打响，一直持续到5月7日。越南主力部队集中力量，以坚强的战斗意志和崇高的自我牺牲精神，暴风骤雨般攻击了敌军的奠边府据点。经过55天的激烈战斗，越南人民军摧毁了奠边府法国军事基地，歼灭

敌军16 000多人,法军指挥官卡斯特里将军和残余官兵被迫
投降。奠边府战役是印度支那战争中具有决定性影响的重大
战役,彻底结束了法国殖民者在印度支那的战争。

为配合越南军队的奠边府战场,凯山和老挝伊沙拉部队
指挥部也集结兵力,向法国军队发动多点进攻,牵制法军,使
其无暇增援奠边府战场。1953年至1954年旱季(1953年冬
到1954年春),整个印度支那战场发起全面反攻,奠边府战役
大获全胜。捷报传来,老挝全国人民欢欣鼓舞,老挝抗战政府
总理苏发努冯亲王向越南政府和人民军发去贺电,主要内容
如下:"奠边府大捷对老挝、越南、柬埔寨三国的革命斗争乃至
当今世界维护和平的斗争运动都具有重要的影响和意义,对
于老挝特别是老挝北部地区尤其如此。战斗在奠边府的战友
们不仅完成了解放自己祖国的任务,也有力地支援了老挝的
抗战运动。"①凯山号召老挝军民深入学习越南人民军在奠边
府战役中的战斗精神。

奠边府大捷迫使法国从老挝多处撤军,老挝一半人民获
得解放。同时,法国军队在越南和柬埔寨也逐渐收缩兵力,陆
续撤离。在这种情况下,法国企图通过与美国谈判解决问题,
他们认为这是让自己"有尊严地"撤离的最佳方式,或许能在
一定程度上挽回颜面。

1954年5月8日至27日,14国代表参加的日内瓦会议在

①越南《人民军报》,1954年4月26日。

瑞士举行，会议讨论了在印度支那三国停战及恢复和平事宜。1954 年 7 月 20 日[①]，《日内瓦协议》签署。沄国及各与会国承诺，尊重老挝、越南、柬埔寨三国的独立、主权和领土完整，法国必须按照协议从印度支那撤军。在有关老挝的停战协定中，承认巴特寮拥有独立合法的政治权力，拥有自己的军队以及华潘和丰沙里两个省。协议明确规定了停战时间和外国军队从老挝撤离的期限（120 天）。协议还规定，为了老挝的统一，双方（巴特寮和老挝王国政府）举行普选，让民众行使民主权利，投票选举中央政府和各级行政机构；按照规定，大选应在 1955 年内完成，应保障和尊重民众的基本权利。

　　日内瓦会议以印度支那三国成功将法国殖民者驱逐出印度支那地区的伟大胜利而告终。但对于老挝革命来说，《日内瓦协议》规定老挝抗战力量集结在华潘和丰沙里两省，并未准确反映巴特寮战胜法国殖民者的实质。虽然老挝恢复了和平，但这并不是永久稳定的和平，美帝国主义仍然企图取代法国，准备在老挝再次发动战争。

　　日内瓦会议和《日内瓦协议》为老挝应对美帝国主义即将发动的战争提供了必要条件。《日内瓦协议》的签署是老挝反抗法国殖民者斗争运动的胜利，老挝国内局势明显向有利于革命的形势转变，革命力量迅速发展壮大。这次胜利也粉碎了殖民主义阴谋，为世界和平事业作出了重要贡献。凯山指

---

① 译者注：应为 1954 年 7 月 21 日。

出:"这是老挝人民及越南和柬埔寨人民的历史性胜利。法国殖民老挝 60 多年的历史结束了,世界范围内的旧殖民主义垮台了。"①

老挝军民艰苦抗战 9 年,终于迎来了这一重要时刻,看到了胜利的曙光。虽然解放区只有两个山区省份,面积小,人口少,但也足以让帝国主义及其走狗寝食难安。他们认为,这两个省是坚固的革命阵地,必将成为老挝军民再次反攻的跳板。他们害怕在老挝的统治走向灭亡。老挝各族人民已严阵以待,随时准备迎战窜进老挝伺机取代失败的法国殖民者却又比法国殖民者凶残数倍的美帝国主义。

《日内瓦协议》签订后,凯山加紧研究老挝革命斗争史,总结重要经验,探索新的正确斗争路线,带领老挝革命不断前进。

在心系国家命运和革命前途的同时,时任国防部长的凯山也开始考虑解决个人问题。1954 年 10 月 20 日,凯山和年轻活跃的革命干部通芸在华潘省万赛县布帕村举行了婚礼,多位领导人到场祝贺,见证了这对革命伉俪的爱情。

老挝革命进入新时期后,呈现飞越式发展,政治基层组织在全国范围广泛扩大,革命领导干部队伍在质量和数量上不断提高,为建立老挝人民党(今老挝人民革命党)奠定了基础。

---

① 凯山·丰威汉.老挝人民革命党 25 年来的斗争和胜利.万象:老挝国家出版社,1980:16.

　　自 1951 年 2 月印度支那共产党二大召开以来,老挝人民党成立大会的筹备工作一直在紧锣密鼓地进行。此前,印度支那共产党中央委员会在 1950 年 6 月 21 日至 23 日召开会议,就"老挝、越南、柬埔寨是否应该像现在这样同属一个党"展开深入讨论。在详细分析主客观情况及各国革命特点后,印度支那共产党中央委员会一致决定提请二大研究在老挝、越南和柬埔寨分别建党事宜。各国的革命力量不断发展壮大,已经具备足够的能力领导本国革命事业,但仍应继续本着无产阶级国际主义精神相互帮助。老挝的革命任务是解放国家,建立革命政权,进而建立人民民主制度;越南的革命任务则是完成民族解放,巩固和发展人民民主制度。因此,老挝、越南、柬埔寨三国有必要分别建立自己的革命政党,制定专门的政治纲领,这样将有利于发挥各国共产党员的主观能动性。这一提案在印度支那共产党二大上通过。1951 年 3 月,关于老挝、越南、柬埔寨三国在印度支那共产党基础上分别组建革命政党的决议正式发布。大会委托凯山等印度支那老挝籍共产党员进行各方面的筹备,在条件成熟时组建代表老挝工人和劳动者利益的共产党。

　　二大结束后,凯山、诺哈·冯沙万等印度支那老挝籍共产党员组建了工作指导组"老挝人民组织",加紧筹建政党。

　　凯山和诺哈·冯沙万等革命领导人在工人阶级和劳动人民中大力宣传马列主义,起草了党的纲领、路线、方针、任务草案,争取夺取更大的胜利,继续开展民族解放斗争,建立稳固的革命根据地,实行集中的政治和军事领导,把革命军队建设成支柱力量,广泛动员全国人民参加民族解放战争。

培养干部和吸收优秀群众加入党组织是建党筹备工作中的一项重要任务。从印度支那共产党二大到老挝革命政党筹备成立期间,革命运动中的优秀积极分子,可以在印度支那老挝籍共产党员的介绍下直接入党。"老挝人民组织"还举办了多期党员干部培训班,其中一期在华潘省万赛县布帕村举办,由诺哈·冯沙万负责相关工作。他回忆道:"1954年11月,为了建立老挝人民党,我们组织了干部培训班。培训班在华潘省万赛县布帕村举办,约40人参加,培训内容包括党的政治、思想和组织建设,以及加强党内团结、行动统一等。作为首期骨干干部培训班,这次培训意义非凡,为日后老挝人民党的诞生迈出了重要的一步。我们深知,要想把党和革命力量建设好,领导革命走向完全胜利,决定因素在人。党的优秀品质、革命理想和群众观是通过党员干部和党员树立起来的。因此,在建党工作中,必须重视党员和党员干部问题。"[1]

经过一段时间的筹备后,1955年3月22日至4月6日,老挝人民党成立大会在华潘省万赛县那茂村正式召开。出席大会的正式代表20人,代表全国400多名党员。[2]

建党大会召开时,局势正在发生新的转变。法国殖民者

---

[1] 根据诺哈·冯沙万1993年8月12日对凯山纪念馆管理委员会口述内容整理。

[2]《老挝人民党成立报告》,越南语存档文件,现收藏于凯山纪念馆。

在印度支那失败后，美帝国主义想方设法排挤法国势力，意欲取而代之，继而在老挝实施新殖民主义。老挝革命力量经过长期艰苦卓绝的斗争，已经全面发展壮大，政治基础在全国建立，党的基层组织在质和量上都有所提高，革命武装力量也有了新发展。尽管如此，革命力量仍然面临着重重困难。反动势力正阴谋消灭两个省集结的革命力量，他们加大扫荡力度，企图镇压敌人暂时控制的 10 个省的人民斗争运动。与会党员审时度势，积极建言献策，推动大会通过了党的路线政策。

凯山代表会议组委会和筹备委员会向大会作了政治报告，分析了国内外形势，指出当前的客观条件都已成熟，有利于建立革命政党，领导人民继续进行民族解放斗争。报告明确了党的目标和性质，即坚持马列主义道路，继承印度支那共产党的事业，发扬英勇不屈、团结抗战的民族传统。党是老挝工人阶级和劳动人民的真正代表，维护全国各族人民的合法权益，为人民服务是党的一切行动的指针。党确定老挝人民的主要敌人是破坏停战协定的美帝国主义者、法国殖民主义者及其走狗。

党在新时期的任务是："团结和领导全国人民开展斗争，完成民族解放事业，建立和平、独立、民主、统一、繁荣的老挝。"

为完成这项艰巨而光荣的任务，党制定了 12 项行动纲领：1. 反抗阴谋破坏停战协议、分裂老挝并把老挝纳入其侵略集团、使老挝人民长期遭受剥削压迫的美帝国主义者、法国殖民主义者及其走狗。2. 与王国政府斗争，要求其与巴特寮方面真诚合作,执行停战协议,巩固和平,保障自由、民主权利,举行自由普选,建立联合政府,实现国家统一。3. 推动全国人民大团结,在工农联盟基础上建立广泛的民族统一战线。4. 建立和巩固武装和半武装力量,打造保卫根据地、为政治斗争提供支持、维护和平的人民军队。5. 改善各阶层群众的生活,保障工人就业并受到良好的照顾;农民耕者有田,实现温饱;知识分子受到尊敬,发挥才干;鼓励商人和企业家进行商品生产,发展工商业;对爱国人士和少数民族首领落实有关政策待遇。6. 赋予人民自由和民主权利,包括言论自由、出版自由、结社自由、集会自由和交往自由等。7. 实行男女平等和民族平等政策,消除殖民者和封建主义在国内制造的民族仇恨和民族分裂。8. 尊重各族人民的信仰自由和优良风俗习惯,扫除文盲,弘扬优秀民族文化。9. 在维护老挝国家主权和独立的基础上,保障在老挝居住的外国公民的生命和财产安全以及在老挝居住和经商的自由。10. 与尊重老挝独立、主权和领土完整的各国建立友好关系,在平等互利原则基础上加强与各国的全面交往。11. 积极培养干部,特别是要重视对工人、农民和少数民族干部的培养。12. 努力把老挝人民党建设成为工人阶级和劳动人民的坚强政党,使之有足够的能力领导老挝革命走向最终胜利。①

---

① 凯山·丰威汉. 凯山选集(第一卷). 万象:老挝国家出版社,1985:5—7.

　　12 项行动纲领体现了党的宗旨,即广泛团结全国人民反抗世界头号敌人。大会制定的路线符合老挝实际。政治报告明确规定,要把老挝人民党建设成为坚强有力的领导力量,具备足够的能力领导老挝革命不断前进,圆满完成民族解放的革命任务。

　　会议审议通过了党的章程,确定党的名称为老挝人民党,强调巩固党的阶级性和先进性。党吸收党悟高、志愿为阶级利益和民族利益作出牺牲、对党忠诚、受群众信任、政治履历清白的个人为党员。

　　会议选举产生了五人组成的中央指导小组,包括凯山·丰威汉[1]、诺哈·冯沙万、本·蓬玛哈赛、西沙瓦·乔本潘、坎显·西维莱。选举凯山担任中央指导小组总书记,兼任中央军事委员会党委书记、老挝革命武装力量最高军事指挥官。

　　会议授权党中央指导小组选举增补委员,以满足实际需求。[2]

　　老挝人民党的建立,是老挝革命发展壮大的标志,也是老挝各族人民见证的伟大历史转折。党的诞生再次证明了老挝

---

[1]这时,凯山的姓氏由发沙南改回了丰威汉。

[2]1955 年至 1963 年,党中央指导小组委员会增补成员:1955 年 5 月 14日,苏发努冯、富米·冯维希、奔·西巴色;1956 年,坎苏·塞亚显、提蒙·劳占塔拉、西宋蓬·洛万赛、坎代·西潘敦和宋森·坎皮吞;1961年,萨南·苏提扎、冯玛·端玛拉;1963 年,萨利·冯坎绍。

革命道路的正确性,即:高举马列主义伟大旗帜,运用正确的战略和灵活的战术,推动老挝革命一步步坚定地迈向完全胜利。

"老挝人民党的诞生,是老挝各族人民的爱国斗争运动和工人斗争运动与胡志明同志传播到印度支那的马列主义相结合的产物。老挝人民党继承了印度支那共产党的崇高事业,承担了领导老挝人民斗争这一光荣而艰巨的历史使命。老挝人民党的成立是老挝革命壮大的标志,也是老挝革命史上的重要转折点。"

会议结束后,凯山和党中央指导小组成员将大会决议转化为具体计划,致力于建设强大的革命党。

从此,老挝革命进入了以抗击美帝国主义为主要任务的新的历史时期。

第四章

领导抗美救国　实现民族解放
（1955—1975）

在抗美救国斗争初期,老挝人民党的诞生,为老挝革命创造了条件,开启了全民抗美救国的新阶段。

凯山与中央指导小组集中力量领导地方党组织与基层党组织的建设,党的基层组织迅速巩固和壮大起来,北部地区尤其明显。

凯山作为中央指导小组总书记、中央军事委员会党委书记、老挝革命武装力量最高军事指挥官,大力进行革命武装力量的思想和组织建设。

自 1954 年底起,美国加紧实施侵略老挝的计划,直接派兵进驻老挝,妄图扼杀老挝的革命运动,将老挝变为其新型殖民地和军事基地。1955 年 3 月,美国向卡代·敦萨索里特①

---

① 当时,卡代·敦萨索里特任老挝王国政府首相。

政府提供 5 000 万美元的援助。美国处心积虑,企图控制老挝王国政府军队。1954 年至 1955 年旱季和 1955 年至 1956 年,美国训练了老挝王国政府军队的 14 个营,悍然发动战争,进攻巴特寮的两个集结地华潘省和丰沙里省,镇压老挝王国政府临时控制的 10 个省的革命人士。

为了粉碎美国的阴谋,老挝革命从和平方式的斗争转变为政治斗争。政治斗争是武装斗争的开始,比起过去的反法斗争,这场斗争将更加激烈艰难。

凯山与中央指导小组制定了和平中立战略,致力于团结一切可以团结的爱国力量共同抵抗美帝国主义,旨在将老挝建设成一个和平稳定、社会和谐的国家。老挝人民党加紧建设自己的人民武装力量,包括主力部队、地方部队和民兵游击队,后来都成为老挝救国斗争事业的中坚力量。

此外,凯山与中央指导小组还为抗美救国革命探索出了一条符合老挝国情的道路。凯山直接领导革命的基层建设工作以及保卫华潘省和丰沙里省两个集结地的斗争。他带领官兵保卫土地,争取群众,培养骨干力量,建立基层党组织,及时帮助尚未建立革命政权的地区,成为革命运动的中心。

凯山组织召开党的一届一中全会,讨论了如何贯彻一大制定的路线,领导全国人民的斗争,完成民族解放事业,把老挝建设成为一个和平、独立、民主、统一、繁荣的国家。与此同时,老挝革命由以政治斗争为主转变为政治斗争与武装斗争相结合,为谈判斗争创造条件,分化美帝国主义及其走狗。

　　面对上述情况，美帝国主义开始反击，增加了万象方面的兵力，收买国会和万象政府的亲美分子，并将其安插在老挝王国政府的重要部门。

　　老挝王国政府与巴特寮政府自1955年1月开始在石缸平原举行的会谈被迫中止。卡代·敦萨索里特依靠美帝国主义，集中兵力对华潘省和丰沙里省两个集结地发起进攻，企图全歼爱国力量。

　　为了粉碎卡代·敦萨索里特和培·萨纳尼空的阴谋，凯山领导华潘和丰沙里两省军民击退万象伪军的连续进攻，打击了敌人侦察兵的破坏行动，消灭了大量敌人，保卫了革命根据地。同时也大力推动其余10省各阶层人民的政治斗争。

　　凯山与诺哈·冯沙万、苏发努冯、坎代·西潘敦及其他领导同志认为，应加强革命力量，以应对美帝国主义及其走狗的阴谋。为了贯彻党的方针政策，1956年1月6日，老挝伊沙拉阵线大会在华潘省召开。大会指出，伊沙拉阵线已经完成了自己光荣的历史使命。为了更好地适应新形势的需要，更名为"老挝爱国战线"。为了继承伊沙拉阵线的事业，凯山在此次会议上指出："从我国国情来看，老挝是一个多民族国家，各民族发展水平不平衡。与此同时，敌人出台了民族分裂政策。因此，我们的首要任务是团结全国各族人民。"大会选举苏发努冯亲王为老挝爱国战线中央委员会主席，凯山、西吞·贡玛丹与费当·罗比瑶为副主席。老挝爱国战线的建立壮大了统一战线。同时，它也是老挝人民党的合法公开组织，是党向各族人民宣传党的方针政策的扬声器。事实上，老挝爱国战线已成为老挝人民党执行民主革命路线的代言人。

老挝人民党与老挝爱国战线为老挝革命的前进提供了坚实保障。通过老挝爱国战线的努力，在华潘和丰沙里两省及王国政府临时管控的 10 个省，党的路线迅速转化为计划，逐一得到落实。党员干部与爱国战线干部一心扑在人民革命运动上，克服重重困难，努力推动革命事业的发展。

这个阶段党的政策是坚持和平、中立、独立、民主、统一，采取政治谈判的斗争形式。凯山认为，该政策符合老挝革命的实际。和平中立政策由苏发努冯于 5 月 28 日公开宣布，得到了各阶层人民的广泛支持，团结了各族人民，争取到政府和国会中许多爱国中产阶级及爱国皇室成员的认可。

1956 年 2 月 14 日，在国会的压力下，卡代·敦萨索里特被迫辞去老挝王国政府首相一职。3 月 21 日，中立派代表梭发那·富马亲王当选为新一届政府首相。3 月 25 日，富马亲王宣布，将依据 1954 年签订的《日内瓦协议》处理老挝事务，在和平共处五项原则基础上实行和平、中立、民主、统一的政策。卡代·敦萨索里特被迫辞职后，前往美国寻求帮助。1957 年 1 月，他重返老挝，并在老挝南部建立了一个新政府，任命占巴塞省的文翁担任内阁首相。此举导致老挝的政治环境更加错综复杂。为了应对上述情况，凯山制定政策，坚持继续实行政治斗争和政治谈判相结合，击退敌人对华潘省和丰沙里省的进攻，保护并推动老挝王国政府临时控制的 10 个省的人民进行不懈的政治斗争。

巴特寮政府英勇顽强的斗争推动老挝爱国战线与老挝王国政府之间的谈判取得了极大进展,最终双方于 1957 年 11 月 2 日签署《万象协定》,决定建立老挝临时联合政府,进行补充选举,将华潘和丰沙里纳入全国政治版图,并将巴特寮政府的两个营编入国家军队。

1957 年 11 月 19 日,老挝临时联合政府成立,宣布国家坚持和平、中立、独立、民主、统一、繁荣的道路。

根据 1957 年 12 月 25 日双方签订的各项协定,老挝爱国战线代表处在首都万象成立。1958 年 1 月 1 日,党的"喉舌"《爱国报》创刊。1 月 18 日,准备编入国家军队的巴特寮第一营和第二营进驻琅勃拉邦省香恩县和川圹省石缸平原。这是党的一大路线方针的初步胜利。凯山认为,"这一时期执行的民族团结路线为我党将革命力量发展到城市乃至全国创造了条件,这是一个合法和半合法的政治斗争时期"。

1958 年 5 月 4 日,国会议员补充选举举行。这是老挝人民第一次不分民族宗教,不分性别年龄,共同拥有选举权的选举。老挝爱国战线选派凯山、苏发努冯、富米·冯维希和诺哈·冯沙万等 13 人参加选举。凯山南下至阿速坡省,那里有坚实的革命基础,大多数人都支持老挝爱国战线。

凯山走访了阿速坡省萨马克赛县的因提村、康村、占村、塔村、迈村与色加满村,所到之处皆受到当地人民群众的热烈欢迎。人们纷纷聚集在村中心或者田埂上,与凯山热烈地交谈。凯山分析了国际国内局势,呼吁各族人民团结一心,共同反抗美帝国主义和卖国反动派的侵略阴谋。谈到选举,凯山说:"选国会代表就像挑女婿,如果有一个好女婿,家庭就会幸福,反之,则会导致家庭分裂。投票选举是民主权利的体现,选谁是选举人的权利,希望父老乡亲们能作出明智的选择。如果选举了老挝爱国战线的代表,将会利国利民。"人们专注地聆听凯山的话,有人说:"凯山·丰威汉同志的话意味深长。"此外,凯山还看望了许多户村民,晚上就在村子里过夜,与群众打成一片,也受到群众的保护。尽管当时阿速坡省的一些村庄已经解放,但敌人在每个村都安插了密探,暗中进行破坏活动。敌军将大部分兵力部署在长山山脉,以控制阿速坡省和沙拉湾省,但两省人民毫不畏惧,仍然积极参与保卫革命的行动。

补选当天,气氛热烈得像过节一样,体现了人民群众的团结力量。在阿速坡省,凯山的投票箱与来自万象政府和中立派两位候选人的投票箱设在新县(现在的萨马克赛县)中村(色加满村)的寺庙里。人们对其余两个投票箱视而不见,不惧万象政府的威胁,纷纷投票给凯山。大家都认为凯山一定能当选。没想到在清点票数时,一些心怀不轨的人偷偷把凯山的票挪到别的投票箱中,导致凯山最终落选。占巴塞省巴色县泊恩古寺住持马哈·本玛是投票管理小组成员,他回忆道:"凯山的得票明显是最多的,但依附于万象政府的阿速坡省省长下令造假。关于这次选举,万象政府无法光明正大地通过军事力量获胜,只能转而运用政治上的阴谋诡计,妄图使凯山失去在群众中的影响力。但群众对这些伎俩心知肚明,他们强烈谴责万象政府,同时也表达了对凯山和老挝爱国战线的信任。"

尽管万象政府反动派使出浑身解数操控选举,导致凯山落选,但老挝爱国战线与中立和平派仍然在补选中取得了胜利——在共 21 个席位的国会议员补选中占据 13 席。苏发努冯的选票高居榜首,共计 37 389 票,占万象选区全部选票的 90%。而卡代一方只得到 4 个席位,培·萨纳尼空则一无所获。凯山指出:"老挝爱国战线在 1958 年 5 月举行的国会议员补选中取得了重大胜利。"[①]

老挝临时联合政府的成立与老挝爱国战线在国会议员补选中取得的胜利,是老挝人民党和平、中立、独立、民主、统一的正确路线方针的胜利,也符合老挝各族人民的期待。凭借自身的革命进取精神,凯山与老挝人民党不仅确保了革命力量的稳定,还增强了自身在各阶层人民中的影响力,不断将革命力量发展至全国。

面对不断壮大的老挝革命力量,敌人"诱虎出洞"与"和平演变"的阴谋全部落空。美帝国主义与卖国反动派沆瀣一气,想尽各种办法遏制国民议会,削弱老挝临时联合政府的公

[①] 凯山·丰威汉. 老挝革命的若干主要经验和新方针的相关问题. 万象: 老挝国家出版社, 1979: 25.

信力。同时大力镇压各地的革命者,恐吓、收买联合政府官员。

1958年7月22日,迫于美帝国主义的压力,老挝临时联合政府首相梭发那·富马亲王被迫辞职。8月18日,美国扶植以培·萨纳尼空为首相的新一届政府,彻底排斥了巴特寮成员。面对上述情况,正在首都万象活动的凯山、苏发努冯、诺哈·冯沙万、富米·冯维希、坎代·西潘敦等多次开会讨论,研判时局,最后决定将在万象活动的老挝爱国战线小组分成两部分,一部分仍然留在万象开展政治斗争,另一部分则撤出万象,扎根基层,继续进行长期斗争。

1959年3月,党中央在万象召开紧急会议,讨论时局,制定调整斗争方向的方针政策。凯山指出:"美帝国主义及其走狗一定会继续镇压老挝爱国战线,镇压革命活动。因此,我们应转变斗争方向,让拥有合法身份的同志斗争到底,即使冒着被抓捕的风险,也要咬紧牙关努力克服困难,而没有合法身份的同志,则返回根据地继续领导革命。"①

在继续公开活动还是转入地下活动这个问题上,与会人员各抒己见。有人主张将部分同志转入地下,也有人主张所有人都进行地下活动,理由是如果继续公开活动的话,早晚都会被逮捕。凯山表示:"全部进行公开活动肯定不行,容易被

---

① 西萨纳·西山.忠于革命和人民//老挝社会科学委员会.凯山·丰威汉——人民的儿子.万象:潘努德占出版社,1991:36.

敌人一网打尽。全部转入地下也不妥，会造成政治斗争战场的虚空。"经过科学分析，党中央决定将公开活动和地下活动相结合。已当选国会议员的同志留在万象，继续公开活动，而万象政府对其情况不掌握或掌握不充分的同志则全部转入地下。随后，凯山和坎代·西潘敦离开万象，前往革命根据地。苏发努冯、诺哈·冯沙万、富米·冯维希、奔·西巴色、西萨纳·西山等人继续留在万象活动。

党内统一部署，统一组织，无论离开的还是留下的，所有人都发誓将为革命事业坚决斗争，直到取得最后的胜利。

凯山离开万象，准备返回根据地。他制定了详细周密的计划，先是以看望妹妹沙婉通的名义前往曼谷，他的妹夫是泰国人，时任泰国猜纳府府尹。在妹妹家逗留了两三日，凯山便启程去穆达汉县，到达该县北部与老挝接壤的边境村班赛。他乔装成鱼贩，在午夜时分渡过湄公河回到老挝沙湾拿吉省，躲在诺哈·冯沙万家村后的香蕉园里。提前在此等候接应的坎代·西潘敦和司机坎佩·鹏马万载着凯山离开沙湾拿吉，到达巴噶丁。然后，凯山与坎代·西潘敦在武装护卫军的保护下启程前往根据地。

此时，万象的政治局势错综复杂，美帝国主义唆使培·萨纳尼空大肆破坏和平中立政策，破坏民族团结。1959 年 2 月 11 日，培·萨纳尼空召开新闻发布会表示："老挝王国政府认为，1954 年签订的《日内瓦协议》已经得到圆满落实。"12 月 13 日，《纽约时报》发表评论文章称："老挝政府破坏了《日内瓦协议》,为美国国防部控制万象右翼军队并在老挝建立美军基地提供了便利。美国与老挝的相互配合,将促进老挝同东盟的关系。"

万象伪军和西贡伪军在美国顾问的唆使下,在老挝和越南南部地区大肆打击共产主义,许多爱国人士和共产主义者在这一时期牺牲,全国陷入了白色恐怖中,革命活动困难重重。

在华潘省根据地,凯山表示:"革命形势进入了最复杂最严峻的时期。"他命令各部队严阵以待,随时准备战斗。同时,他开始研究新的革命策略,为即将召开的党中央会议筹备文件。

培·萨纳尼空自上台以来就大力反对和平中立政策,与老挝爱国战线背道而驰。美国驻老大使萨米也发表声明支持培·萨纳尼空政府。他说:"现在,老挝政府与美国达成了合作,这将为老挝带来实实在在的利益。"培·萨纳尼空用尽各种伎俩力促富马亲王出任老挝驻法国大使。同时,继续对老挝爱国战线成员进行残暴镇压和疯狂抓捕。

面对这样艰难复杂的环境,老挝爱国战线的国会代表们(其中一部分为老挝人民党中央指导小组成员)在国会中进行了艰苦卓绝的斗争。凯山与坎代·西潘敦则在根据地大力建设武装力量,巩固革命基础,为新时期的斗争作准备。

每次召开国会会议,老挝爱国战线、中立派与万象右派的代表都会产生激烈的争论,焦点主要集中在如何才能以和平、中立、民族团结的方式解决老挝目前面临的问题。

　　一天，培·萨纳尼空在国会会议上提出索要维护国家治安特权的要求，其实质就是让国会授权镇压和抓捕老挝爱国战线成员、抗战政府官员、爱国人士以及和平中立派人士。国会中的老挝爱国战线与中立派代表强烈反对培·萨纳尼空的提议和军阀做派。国会内部斗争渐趋白热化。最终，培·萨纳尼空的提议以 26 票支持和 25 票反对的微弱优势通过。老挝爱国战线认为，这只是在国会斗争中暂时的失败。该项提议的通过引发了人们的恐慌，凯山则认为："我们的决定性力量还是人民革命力量，这次失败只是暂时的，我们仍需继续前进。"

　　在获得特权以后，培·萨纳尼空下令让全国各级政府继续镇压和逮捕各省县的老挝爱国战线负责人，强迫他们脱离老挝爱国战线，使用各种手段迫害不服从者。此外，万象右派还以加官进爵为条件劝诱分化巴特寮一营和二营的官兵。先让军官晋升，再把他们调离，致使两个营群龙无首，然后顺势将其编入万象军队。同时，由于巴特寮军队的将领指挥不了部下，万象右派就可以一举将其彻底歼灭。当时，第一营的部分将领由于立场不坚定，经受不住敌人的利益诱惑，投敌叛变。但是大部分官兵宁死不屈，潜回根据地继续战斗。

　　1959 年 5 月 9 日，万象军队最高指挥官富米·诺沙万会见了正在万象活动的诺哈·冯沙万，强迫他签署协议，同意将巴特寮第二营交给万象军队。诺哈·冯沙万以当前的政治问题尚未解决为由,坚决不同意签字。5 月 10 日,富米·诺沙万派人前往川圹省,强迫通沙瓦·凯坎皮吞签署协议,交出第二营。通沙瓦·凯坎皮吞表示,他没有接到上级的命令(意思是说没有接到党的指令),也拒绝签字。这些同志久经考验,立场坚定,万象方面对他们无可奈何。5 月 11 日,富米·诺沙万紧急下令派兵包围驻扎在川圹省石缸平原的巴特寮第二营和驻扎在琅勃拉邦省香恩县的第一营。出于对党和人民及对革命的忠诚,第二营官兵拒绝了敌人功名利禄的诱惑,坚决拒绝转移,于 5 月 17 日晚英勇突破王国政府军队的包围圈,返回革命根据地。第二营的成功突围,为反抗美帝国主义侵略翻开了新的篇章。

凯山为第二营英勇的战斗精神感到自豪,他说:"第二营成功突破敌人的包围圈,安全返回根据地,推动了我们的游击战不断发展壮大。城乡各阶层人民的政治斗争轰轰烈烈地开展起来,各地尤其是农村地区的起义风起云涌,甚至在全国多地出现了夺权运动。这表明革命进入了新时期。"

1959 年 5 月,万象局势空前紧张。右翼势力开始威胁在万象活动的老挝爱国战线领导人。5 月 11 日至 12 日,他们派便衣警察包围了老挝爱国战线办事处的二层小楼,以及苏发努冯、诺哈·冯沙万等在万象担任国会议员的老挝人民党和老挝爱国战线领导人的住所。与此同时,他们还下令关闭《爱国战线报》的印刷厂,在华潘、川圹、丰沙里、琅勃拉邦和甘蒙省进行大扫荡,屠杀革命者,妄图消灭巴特寮,破坏革命基层组织。面对上述情况,凯山指出:"美帝国主义的侵略行径及其走狗的卖国嘴脸彻底暴露了。"

紧张的局势严重威胁着革命,党必须研究出一个有效的解决办法,避免革命遭受损失。1959 年 6 月 3 日,凯山召开党中央会议,评估当前局势,制定新的斗争策略。会上,凯山作了报告,详细而深刻地分析了美帝国主义及其走狗的阴谋;制定了新的革命路线,即扩大抗美统一战线,加强与中立力量的联合,团结广大人民群众,带领革命度过困难时期,继续向前发展。会议决定转变斗争方向,将政治斗争与武装斗争相结合,继续高举和平、中立与民族团结的旗帜,争取国内外舆论支持,分化敌人队伍,推动全国范围的政治斗争运动。会议一致通过了决议,明确指出:广泛团结爱国力量及和平中立力量,以武装斗争为主,结合其他斗争方式,反抗美帝国主义对老挝的干涉,反对培·萨纳尼空政府祸国殃民的政策,敦促其执行 1954 年签订的关于解决印度支那问题的《日内瓦协议》及其他相关协议,将老挝建设成和平、中立、独立、民主、繁荣的国家。

关于斗争方式,决议强调:在全国范围内将公开合法的斗争转变为武装斗争。同时,与各种政治斗争紧密结合。在有条件的地方发动群众进行合法或半合法的斗争。

斗争方向的转变是党创造性的正确决策,是具有战略意义的新转折,将带领老挝革命走向新的发展阶段。

党中央会议闭幕后两三天,培·萨纳尼空下令继续跟踪正

在万象进行合法活动的老挝爱国战线领导人。1959 年 7 月
28 日[①],培·萨纳尼空政府突然下令非法逮捕关押老挝人民
党和老挝爱国战线领导人及工作人员共 16 人,包括:苏发努
冯、诺哈·冯沙万、西吞·贡玛丹、富米·冯维希、奔·西巴
色、门·宋维吉、玛·凯坎皮吞、西萨纳·西山、辛加坡·西科
朱拉马尼、坎帕·布帕、宋本·翁墨本塔、坎佩·鹏马万、袍·
披帕占、普考、波西·佳棱苏、玛纳·万伊山。此外,万象右派
政府还逮捕了许多在全国各地活动的老挝爱国战线工作
人员。

　　凯山得知党和爱国战线领导被捕的消息后十分担心,派
人赶赴万象了解情况,制订营救被捕同志的计划。与此同时,
他还派人安抚被捕同志的家属,让他们耐心等待,相信同志们
无论如何一定会回到根据地。

　　为了保证被捕同志的安全,凯山采取武装斗争与政治斗
争相结合的政策,调动各阶层人民的爱国热情,尤其是争取敌
人官兵队伍中的中间阶层。

　　为了推动武装斗争的开展,1959 年 8 月 10 日,凯山在桑
怒省(即华潘省)发表了一封致人民群众和巴特寮武装部队官
兵的公开信,信中谴责了美帝国主义通过扶植卖国贼培·萨
纳尼空干涉老挝内政,致使老挝人民陷入水深火热之中的行

[①]富米·冯维希. 回忆老挝历史进程中我的生活. 万象:教育出版社,
　1987:117.

径。明确了老挝爱国战线一贯的立场,即坚决执行《日内瓦协议》和《万象协定》,执行民族团结政策,将老挝建设成一个和平、中立、独立、民主、统一、繁荣的国家。

凯山呼吁,作为人民子弟兵的各武装部队官兵要与人民群众一起奋起反抗,坚决抵制美帝国主义干涉老挝的图谋,坚决反抗美帝国主义走狗的卖国政策。

凯山敦促老挝王国政府立即释放爱国战线领导人,停止对巴特寮和抗战人士的镇压;建立老挝临时联合政府,尊重老挝爱国战线在华潘省和丰沙里省的管理权;执行和平中立政策,抵制美帝国主义的干涉;改善人民生活,废除各项不合理的税费;抵制征兵;抵制美国对老挝经济的控制,建设富强的国家;抵制美国新型殖民主义的文化渗透,弘扬民族文化,尊重佛教,保护民族优良风俗习惯。

凯山对当时的革命行动作出指示:边打击敌人,边加强自身力量建设。他说:"敌人镇压抵抗人士,破坏革命基层组织,企图让老挝重新回到殖民制度和封建体制。这种时候,我们决不能坐视不理。"

尽管老挝各族人民在抵抗美帝国主义的斗争初期遭遇了各种艰难险阻,有时甚至濒临失败,但是在老挝人民党的英明领导下,大家克服了重重困难,革命事业不断进步,从一个胜利走向另一个更大的胜利。

1959 年 8 月,游击战在各地蓬勃开展。老挝各族人民在多个地方发动起义,一边抗击敌人,一边动员敌军士兵回归人民。革命力量歼灭了华潘省本恩县、索恩县、色恩县的敌人，解放了琅勃拉邦省东北部、巴散县东北部、甘蒙省东部等许多重要地区，与此同时，还打击了老挝南部多处敌占区。1959 年底，革命力量已控制了老挝北部全部农村地区。在万象，工人、学生、政府职员、僧人、知识分子举行游行示威活动，要求万象政府释放政治犯，反对迫害老挝爱国战线中的爱国人士。

人民斗争的成果引起了美帝国主义及其走狗的恐慌，激发了其内部矛盾。培·萨纳尼空在其执政的 17 个月中进行了三次组阁，但均未能稳定局势。美国驻老挝顾问惶恐不安，1959 年 12 月 31 日，美帝国主义扶植富米·诺沙万发动政变，推翻了培·萨纳尼空政府，让库布拉西·阿派取而代之。新政府随意篡改选举法，废除人民民主自由权利，剥夺老挝爱国战线和各爱国进步党派成员的被选举权。1960 年 4 月 24 日，富米军政府要求国会举行虚假选举，建立以宋萨尼特亲王为总理的新政府，但政府实权却掌握在国防部长富米手中。

在凯山周密的计划指导下，苏发努冯、诺哈·冯沙万及其他被捕的党和老挝爱国战线领导人于 1960 年 5 月 24 日晚成功越狱，返回解放区。该事件震惊了国际舆论，引起美帝国主义及其走狗的恐慌，极大地鼓舞了革命力量和全国人民的士气。这次奇迹般的成功越狱，验证了凯山的那句预言："无论如何，我党和老挝爱国战线被捕的同志一定能成功越狱，返回革命根据地。"这次胜利，是顽强的斗争精神与坚定的革命信念的胜利。消息传来，凯山立即派遣武装部队在万象某地接应。

作为党的最高领导人,凯山在长期的革命工作中积累了丰富的经验,他判断,目前纷繁复杂的政治局势可能会发生巨大的变化,因此,应审时度势,抓住机遇,带领革命继续前进。

1960 年 6 月,凯山召开中央指导小组第四次会议,研判当前局势,制定新的方针政策。会议认为,导致老挝局势错综复杂的主要原因是美帝国主义对老挝的干涉日益加深,他们直接控制军队和伪政权。因此,解决老挝问题的关键在于制止美帝国主义对老挝的干涉。但美国目前国力强盛,经济和军事实力雄厚,取得抗美战争的胜利不可能一蹴而就,只能争取时间积蓄力量,创造机会,克服困难,不断发展。

会上一致通过了决议,决议提到,在过去的一段时间里,美帝国主义对老挝内政进行了深度干涉,渗透到包括国防在内的各个领域。他们直接控制军队,建立军阀体制,妄图将老挝变成美国的军事基地和新型殖民地,把老挝当作进攻其他社会主义国家的跳板。但是他们的阴谋破产了,他们已陷入孤立无援的境地。当局内部产生矛盾和分化,追求和平、中立的爱国民主力量在人民群众和各阶层中发展壮大,甚至吸引了一些政府高层的加入。

凯山和党中央判断,当前局势可能向两个方向发展:一个是失败的敌人有可能重新回到谈判桌,也有可能顽固抵抗,拖延战争;另一个是时局可能向着对革命有利的方向发生巨大的变化。因此,全党必须做好准备,把握时机,推动革命事业不断前进。

　　基于上述判断,党中央明确了当前的革命任务,即高举和平、中立、独立、民主的旗帜,团结热爱和平、热爱国家的各民族各阶层人民,积极争取中间阶层,分化和争取执政当局,联合和平中立力量,坚决反对美帝国主义及其走狗破坏 1954 年《日内瓦协议》和 1957 年《万象协定》的行为。利用美帝国主义陷入恐慌及其走狗内部产生严重分歧的时机,大力推动全国人民的政治斗争,全面壮大革命力量,争取各方面的胜利,直到战争结束,带领老挝走上一条和平、中立的道路,继续领导革命事业取得不断进步。①

新时期激烈的斗争

　　1960 年 6 月,在党中央第四号决议的指引下,革命运动广泛开展起来。地方夺权起义与全国武装斗争相结合,革命斗争蓬勃发展的新时期开始了。

　　各族人民和革命武装的斗争运动在城市各阶层人民中产生了深远的影响,包括社会贤达、知识分子以及老挝王国政府的军人和警察,继而引发了 1960 年 8 月 9 日空军第二军官兵的政变。政变由贡勒上尉、敦·顺那拉中尉和提·苏提德少

①党中央理论与实践研究指导委员会. 老挝人民革命党简史. 万象: 凯山·丰威汉纪念馆管委会印制, 1997: 120—122.

尉领导,推翻了美帝国主义走狗宋萨尼特与富米·诺沙万的统治,这次政变得到了青年学生和万象市民的大力支持。

政变消息传来,凯山和党中央认为,这是一次具有进步意义的政变。党中央宣布支持政变,并作好合作建立和平中立政府的准备,加快发展各方面革命力量。

1960 年 8 月 10 日,党中央立即向万象省委及全国各级党委下发关于当前形势和工作路线的指导性文件,明确指出:此次推翻宋萨尼特和富米政府的政变是一次具有进步意义的政治事件,有利于革命的发展。政变的目的在于反抗美帝国主义,停止战争,执行和平中立政策。老挝爱国战线必须把握这次机会,在平原和城市地区壮大革命力量,发动军民坚决抗战,千方百计联系和帮助老挝王国政府官兵奋起反抗卖国走狗。

在党中央下达命令当天,老挝爱国战线中央委员会也发表声明,支持本次政变及政变委员会出台的各项政策,并作好了谈判准备,希望找到一条合适的途径,带领老挝人民走上和平、中立、独立、民主与民族团结的道路。

同时,老挝爱国战线借此机会,发动人民群众向国会施压,要求国会召开紧急会议,组建执行和平中立和民族团结政策的新政府。

1960 年 8 月 17 日,新政府成立,梭发那·富马亲王出任首相。新政府发表声明称,将继续执行和平中立和民族团结的政策。8 月 28 日,老挝爱国战线发表声明支持富马亲王政府的方针政策。此外,老挝爱国战线还为争取富马政府的支持做了大量工作。

当时,根据党中央的指示,越狱成功的同志们正兵分两路:一路由苏发努冯带领继续赶赴根据地,参与领导革命运动;另一路则由诺哈·冯沙万、富米·冯维希、奔·西巴色、西萨纳·西山等带领返回万象,继续领导人民与美帝国主义及富米集团作斗争,同时向政变委员会提供帮助,并与富马亲王政府进行谈判。

1960 年 9 月 7 日,诺哈·冯沙万、富米·冯维希、奔·西巴色、西萨纳·西山拜会了富马首相,商讨双方合作及将巴特寮军队编入政府军的万象方面军等事宜,以更好地保护人民和政府,保卫政变成果,联合起来共同打击亲美反动势力。

被推翻的富米·诺沙万与文翁·纳占巴色勾结后,建立了所谓的"革命委员会"和"沙湾拿吉政府",取得了美国政府和泰国沙利政府的支持。富米 – 文翁集团呼吁东南亚条约组织和联合国介入老挝事务,而曼谷右派的部分成员和西贡伪军也与万象反动派军队联合攻击老挝爱国战线。

面对上述复杂艰难的局势,党中央出台了路线方针,指示在万象地区开展政治斗争,在山区和平原省份发起武装斗争,扩大解放区,夺取战略要地,壮大革命力量。

根据以上方针,1960 年 9 月 23 日,凯山和坎代·西潘敦领导巴特寮武装部队与越南志愿军一起攻打华潘省的敌军,9月 30 日,华潘省彻底解放。华潘省的解放为革命力量建设中央根据地创造了条件,有利于革命力量在全国范围内的发展壮大,同时也为老挝爱国战线与政变委员会的联合奠定了坚实的基础。

军事上的胜利极大地推动了万象政治斗争运动的发展。1960 年 10 月 18 日,老挝爱国战线和老挝王国政府代表在首都万象举行会晤,发表了共同声明,强调建立联合政府的必要性。而就在这时,反革命势力正准备卷土重来。

1960 年 10 月,中央指导小组第五次会议正式召开。凯山在会上指出:目前,革命力量日益壮大,致我力量对比发生了变化,为扩大民族统一战线、扩大革命根据地及全面发展革命力量创造了条件。但敌人仍未放弃侵略我国的图谋。泰国反动分子与西贡伪军正大力扶植老挝反动势力抵制和平中立的道路。我们必须大力推动富马政府执行和平中立政策,成立联合政府。

凯山的论断符合老挝当时的实际情况。1960 年 11 月 17 日,老挝爱国战线和富马政府决定在万象建立"国家和平中立统一与民族和睦委员会"。该委员会的工作任务是支持富马政府,实行和平、中立和民族团结政策,抵制外国干涉,坚决惩治反动分子。

然而,没过多久,富米－文翁集团在美帝国主义和泰国反动势力的扶植下,率军从沙湾拿吉省北上,夺取了巴散县,作为其攻打首都万象的跳板。1960 年 12 月 13 日,富米－文翁集团大举进攻首都万象。政变委员会各部门与巴特寮军队和万象群众紧密协作,但由于敌强我弱,最终首都被敌人攻占。

在这紧张而复杂的局势下,1960 年 12 月 16 日,凯山和党中央命令各部分爱国力量暂时撤出万象,主动出击,解放山区和平原,尤为重要的是解放战略要地石缸平原,作为中立部队的驻扎地和合法政府的办事处。12 月 27 日,老挝爱国战线的武装力量与中立部队联合攻打萨拉普昆的敌人,解放了绥县。12 月 30 日,革命武装力量占领农合,12 月 31 日占领坂村。1961 年 1 月 1 日,革命力量组织了一次大规模进攻,解放了石缸平原和川圹城区。在短短的时间内,老挝爱国战线军队与中立部队控制了全国范围内由北向南大片相连的地区,包括:华潘省、川圹省、丰沙里省、琅勃拉邦省的大部分地区、琅南塔省的部分地区、万象省、甘蒙省、沙湾拿吉省,以及老挝南部一些地区。

凯山说:"我们党懂得了积极把握时机,扩大革命根据地,发展革命力量,扩大抗美统一战线,联合中立力量,同时依靠梭发那·富马亲王的合法地位,公开争取各社会主义国家的支持。"①

凯山直接指挥了包括解放琅勃拉邦省巴仙和川圹省石缸平原在内的多场重要战役。出征之前,他与士兵们座谈,鼓舞士气。他强调,我们之所以能拿下巴仙要塞和石缸平原,是因

---

① 凯山·丰威汉.关于老挝民族民主革命//凯山·丰威汉.凯山·丰威汉选集(第一卷).万象:老挝国家出版社,1985:51.

为摸清了敌人的情况,提前打探到他们的火力点和指挥官的位置,才能速战速决,让敌人无还手之力。在凯山的亲自领导下,革命武装力量彻底解放了巴仙和石缸平原。

老挝当时的政治局势处于胶着状态。1961 年初,肯尼迪就任美国总统,他在老挝推行两面政策:一方面,宣布承认老挝和平中立道路,同意通过国际会议和平解决老挝问题;另一方面,派遣军官和军事顾问到老挝,加大对富米军队的支持,打击巴特寮和中立力量。

1960 年 4 月,凯山在华潘省召开中央指导小组全体会议,讨论时局并制定革命方针政策。会议指出,从 1959 年 5 月的石缸平原事件以来,老挝革命取得了许多新的进展和重大胜利。尽管美国对老挝实行两面政策,但其不变的本质依然是干涉老挝内政。我们取得的重大胜利表明,党的方针政策是正确的,爱国力量在政治、军事上都具有良好的发展势头,抗美统一战线不断扩大。会议认为:我们要把握时机,乘胜追击,夺取更大的胜利,为老挝爱国战线创造优势,为即将召开的国际会议奠定基础,解决老挝问题,重建联合政府。

要想夺取决定性的胜利,凯山认为,现在比任何时候都更需要依靠人民,团结党和人民,争取更大的胜利。

1961 年 5 月 11 日,老挝爱国战线、中立力量和老挝王国政府如期在万象省万荣县那棉村召开了关于解决老挝问题的三方会议。

5 月 16 日,关于老挝问题的国际会议在瑞士日内瓦召开。

共有 14 个国家①参加了这次会议,老挝派出三个代表团,即由富米·冯维希率领的老挝爱国战线代表团,由贵宁·奔舍那率领的中立力量代表团,以及由培·萨纳尼空率领的万象方面代表团。会议讨论了停止军事对抗及维持老挝中立等问题,还讨论了保证老挝中立的各项举措。由于各方无法达成妥协,这次会谈没能取得任何成果。5 月 17 日,三方谈判再次在万象省万荣县那棉村举行,主要讨论民族团结和解决违反三方停战协定的问题。6 月 19 日至 22 日,苏发努冯亲王、梭发那·富马亲王和文翁·纳占巴色亲王分别代表老挝三方出席了在瑞士苏黎世召开的国际会议。会议同意老挝的和平中立政策,讨论了建立三方联合政府的问题,但最终没能达成一致。

为了增加老挝爱国战线在此次会谈中的优势,凯山、坎代·西潘敦和老挝人民军军事指挥部决定向万象军队发起决定性的战役——"杀手铜"。1962 年 4 月 7 日,革命武装力量向驻扎在琅南塔省的敌人发动闪电战,歼灭了敌军第 55 伞兵队,到 5 月 6 日,革命武装力量将 2 000 人逐出战场,在解放隆县的战役中赢得了主动权。5 月 7 日解放万普卡县,5 月 9 日解放他帕县,5 月 10 日彻底解放香宫县。

琅南塔战役的胜利具有重要意义。革命力量不仅夺回了

---

① 包括:老挝、越南民主共和国、越南共和国、柬埔寨、苏联、中国、英国、法国、印度、美国、波兰、加拿大、缅甸、泰国。

人民的土地,还解放了更广大的地区,使得解放区不断扩大,连成一片。本次胜利是对美帝国主义阴谋的当头一棒。

凯山高度评价了琅南塔战役的胜利:"我们的军民用有效的方式击溃了敌人,摧毁了伪军最大的军事基地,粉碎了美帝国主义企图就近调派驻扎在泰国的海军冒险渡河到老挝进行陆上作战的阴谋。"[1]

由于在琅南塔等各大战役中遭遇重大失败,同时受到国内外舆论的强烈谴责,美帝国主义与万象政府不得不接受老挝爱国战线建立三方联合政府(老挝爱国战线、中立方、万象右派)的提议。1962 年 6 月 12 日,第二次老挝民族联合政府成立。6 月 24 日,联合政府通过了政治纲领和联合政府委员会成员名单。联合政府坚持走和平、中立、独立、统一、民主、繁荣的道路。

1962 年 7 月 23 日,美帝国主义及其走狗不得不签署关于老挝问题的《日内瓦协议》,承认老挝独立、中立、统一、民主、领土完整,承认三方联合政府。

凯山说:"美帝国主义及其走狗签署 1962 年关于老挝问题的《日内瓦协议》,承认三方联合政府,是我们军事、政治和外交上的重大胜利,标志着革命力量取得了跨越式发展。"

凯山极富战略眼光地指出,必须加强南部地区的军事力

---

[1] 凯山·丰威汉. 老挝革命的若干主要经验和新方针的相关问题. 万象:老挝国家出版社, 1979:31.

量,准备发动一场更大规模的战役。因此,凯山与坎代·西潘敦及革命军指挥部讨论决定,从川圹选派一部分兵力南下增援。

部队绕道越南河内,飞往老挝南部,凯山在河内机场迎接。在部队南下老挝前,凯山与官兵亲切交谈,他说:"我们刚刚在一些战役中取得了胜利,但这只是战术上的胜利。而只有我们取得战略性胜利后,美帝国主义才会认输,希望能在南部地区迎来这样的胜利。因此,我们必须向南部增兵。"凯山命令南部地区官兵继续在大后方建立坚实的革命根据地,以支持前线战斗。他说,巩固基层是关系我们生死存亡的宝贵经验。

随后,凯山到中部地区视察情况,途经廊康村到达甘蒙省,会见了一批在基层从事党务工作和群众工作的干部。凯山要求基层干部必须牢牢掌握村内情况,瞄准目标,精准动员,培养骨干力量。尤为重要的是,一定要让人民群众了解爱国战线的方针政策,要团结各阶层人民一起夺取胜利。干部不是官老爷,而是人民的好儿女,要有为人民服务的精神,要善于领导人民。

离开甘蒙省以后,凯山赴沙湾拿吉省视察。在这里,他参加了关于在全省发动人民战争的会议。他指出,人民战争是指广大人民群众参与战斗,人民群众做好后方保障工作,支援前线战胜敌人。人民战争的核心要义是:想要克敌制胜,就要集中一切力量,知己知彼,这样才能战无不胜、攻无不克。

　　尽管基层调研工作存在许多不确定的风险,凯山依然抽空到各个村庄了解情况,以便与党中央指导小组一起制定符合实际的抗美救国路线。

　　到了 1963 年,国内的政治局势更加错综复杂,但也出现了一些对革命有利的条件。美帝国主义及其走狗仍继续执行两面政策,一方面阴谋控制联合政府,破坏老挝爱国战线与中立力量的联合;另一方面大力巩固和加强其卖国走狗的力量,以实现他们的侵略企图,伺机消灭老挝爱国战线力量,夺取老挝政权。

　　中央指导小组于 1963 年 2 月召开第十次全体会议,明确当前的革命路线是坚持斗争,保护三方联合政府;要求美帝国主义及其走狗尊重并严格执行 1962 年关于老挝问题的《日内瓦协议》及其他相关协议,保证老挝的和平与中立;提高警惕,保护和加强革命力量,创造条件带领革命向前发展;在积极建设武装力量的同时,做好后方工作,扩大生产,改善人民生活;就地建立后勤部门,保障前线抗战。

　　1963 年 2 月,党中央会议闭幕后,国内局势急转直下。4月 1 日,美国特务派人暗杀了联合政府外交部长贵宁·奔舍那。消息传来,凯山判断,国内局势将日趋恶化。他命令军队与各省党委做好准备,随时应对敌人的新阴谋。美帝国主义及其走狗在暗杀了贵宁·奔舍那之后,积极拉拢贡勒上尉及中立力量的重要人物。之后,敌人迅速占领了川圹省石缸平原地区,4 月,集结兵力攻打万荣、他投、安县、帕村、散州、普散与东村等地,5月,攻打川圹城区及其他地区。川圹省一时成为革命力量与反革命力量争夺的焦点。敌人的军事行动远不止于此,战火迅速蔓延到全国范围,他们向劳安县、他登县等解放区及南部色贡河、色边河与色加满河沿岸地区进军,并与西贡伪军一起对沙湾拿吉省孟农县进行扫荡。11月,敌人使用美国现代化的炮兵和空军部队,逐步占领了8号公路沿线地区,以及20公里处的康各县,战火蔓延到全国。基于上述情况,凯山说:"敌人公开破坏1962年关于老挝问题的《日内瓦协议》和三方联合政府,扩大'特种战争',甚至动用美国空军部队,全面攻占和破坏解放区,疯狂扫荡和镇压爱国力量,以确保其临时控制区的安全,从而配合其在越南的侵略战争。"

面对紧张的局势,凯山带领中央指导小组制定了新的政策,强调应加强全国人民的团结,坚决进行军事、政治和外交斗争,全面增强革命力量,保护和建设解放区,使之"如同一个国家"。与此同时,推动敌占区的人民斗争运动,逐步粉碎敌人的阴谋,改变敌我双方力量对比。

革命根据地越是得到巩固,敌人越是大肆破坏。1964年初,美国应万象反动派的要求,向他们提供了1.5亿美元的资金援助,用于军队建设。各式战机、坦克、大炮及大量军事装备运入老挝,这片土地再次乌云密布。侵略者和革命力量的枪战声在各大战场响起,有时候双方来回抢占一个地方,反反复复,许多战场都上演着这样的拉锯战,谁也无法胜出。

凯山和最高军事指挥部致电军队,鼓励士兵们英勇作战,坚信最后的胜利必将属于人民,国家必将得到解放。法昂王、翁乔与贡玛丹勇敢的战斗精神,点燃了各族人民心中的熊熊烈火。

凯山指出,目前,革命力量与反革命力量势均力敌,革命力量不可能轻易取胜。因此,必须动员武装力量和人民群众沿着党的正确路线坚持抗战,在这关键时刻,犹豫不决无异于自寻毁灭。

局势日益紧张。1964年1月,美帝国主义及其走狗大举进攻那坡。凯山立即作出判断,敌人将从革命军的侧面进攻。为了保护甘蒙省根据地,凯山、苏发努冯、诺哈·冯沙万、坎代·西潘敦等党中央委员召开会议,会议研究决定主动出击,抵抗敌人的侵略。根据党中央的决定,老挝革命军与越南志愿军在8号公路和12号公路沿线打击敌人,同时集中力量攻打那坡及南通河、欣本河沿岸地区,敌军大败,上述地区获得解放。

在遭到连续失败后,美帝国主义及其走狗大肆污蔑巴特寮违反1962年关于老挝问题的《日内瓦协议》,污蔑越南民主共和国侵略老挝。据西方电台报道:"1964年2月19日,东南亚条约组织在泰国曼谷召开特别会议,讨论老挝的政治局势,提议对老挝进行军事干涉,将老挝三国政府从共产主义灾难中拯救出来。"凯山说:"美国这是想要翻盘。"

凯山意识到此时国内局势的紧张。1964年3月17日,老挝人民党第一届中央委员会第十二次会议在华潘省桑怒县召

开,会上制定了粉碎敌人阴谋的路线政策。会议认为,美帝国
主义及其走狗破坏了三方联合政府,破坏了老挝安宁的局面,
把战争扩大到了全国范围。但实际上,他们在政治上遭到了
严重失败,他们的反动本质被揭穿,内部矛盾激化。会议确定
了当前的革命任务:必须全力保卫联合政府,执行 1962 年关
于老挝问题的《日内瓦协议》,高举民主、和平、中立的旗帜,全
面加强革命力量。为了保证上述任务的落实,会议布置了五
项工作:

1. 加强统一战线的建设,反对美帝国主义及其走狗;

2. 通过政治斗争与军事斗争紧密结合的方式,大力推动
敌后斗争,努力策反敌军;

3. 全面恢复和建设解放区及根据地;

4. 大力巩固武装力量和半武装力量;

5. 加强党的领导,大力培养干部,适应时代发展需求。

党中央会议后,领导人分赴各地,一边了解情况,一边领
导当地的斗争。凯山前往北部一些省份。他在途中获悉,1964
年 4 月 19 日,富米·诺沙万、库布拉西·阿派、西和等反动派
在美国的教唆下发动政变,推翻了三方联合政府,建立了反动
政府。美帝国主义和富米·诺沙万等反动派向富马亲王施
压,要求其出任新政府总理,排挤老挝爱国战线和中立力量的
部级、副部级政府官员。

5 月 6 日,万象右派反动势力在万象召开"军事议会"会
议,决定将贡勒军队编入老挝右派军队。贡勒上尉背叛了中

立派,投靠万象右派,站到了人民的对立面。但军中许多士兵英勇不屈,忠于人民,他们脱离贡勒部队,与老挝爱国战线并肩作战,为祖国的解放事业而奋斗。从此,中立力量分裂成两部分:一部分投靠了万象右派,另一部分则追随老挝爱国战线,自称"爱国中立力量",领导成员包括:欢苏·高拉、敦·顺那拉中尉、乌安·布帕将军。

1964 年的年中,由于在占领革命解放区的战争中惨败以及分化老挝爱国战线和爱国中立力量的阴谋落空,美帝国主义决定在老挝实行战争升级政策,扩大美国在老挝的"特种战争"。5 月 17 日,美帝国主义派战机轰炸孔村、孟品县、他投、他万、石缸平原等地。6 月 6 日,轰炸泊恩萨湾县,并向川圹省康开县发射火箭弹。在轰炸石缸平原后,美军的空袭逐步蔓延到所有解放区。更危险的是,美帝国主义派 B－52 轰炸机向老挝南部军民运输线沿线地区投掷了数千吨的炸弹。

由于巴特寮当时还没有空军,美国空军在老挝领空横行霸道,肆意轰炸。富米和贡勒部队则在地面大举进攻石缸平原。

面对困难复杂的革命形势,凯山、坎代·西潘敦与老挝爱国战线最高军事指挥部召开会议,讨论并制订计划,决定向敌人发起反攻。石缸平原反击战在越南志愿军的帮助下拉开了序幕。战斗进行得十分激烈,从 1964 年 4 月至 6 月,革命军将敌人赶出了石缸平原等地区,解放了 28 个乡,共 3 万余人。

美帝国主义和右派走狗越是遭受严重失败,就越垂死挣扎,不断增派兵力支援。1964 年 7 月 19 日,万象反动派当局在美军的支持下发起"三宋"战役,投入 30 个营的兵力,逐步侵占万荣、萨拉普坤、葛噶占、绥县等地。同年底,敌人发起"宋赛一""宋赛二""蛟龙""西科达蒙"等战役,逐步占领老挝中部和南部的解放区。在"光荣战役"中,敌人数十次攻打川圹省普古山,妄图夺回石缸平原。美国空军向老挝中部和南部解放区投掷了大量炸弹,企图占领 9 号公路,切断老挝战场与越南战场的联系,分割老挝、越南和柬埔寨三国解放区。美国顾问认为,只要夺取 9 号公路,就能将老挝共产党与越南共产党分开。凯山就上述问题与越南党中央进行了探讨,两党一致认为:无论如何,必须掌握 9 号公路的主动权。

面对复杂严峻的局势,1965 年 5 月,老挝党中央召开党的一届十三中全会,讨论当前局势并制定未来革命的路线和任务。会上,凯山指出:美帝国主义与万象反动派正集中力量对我们进行军事打击,因此,我们也要进行军事反击。基于这一精神,会议确定当前的革命战略是对敌人进行军事和政治打击,同时发动群众开展政治斗争,并大力策反敌方士兵。尤其重要的是,要大力全面巩固解放区,将解放区建设得"如同一个国家",作为全国抗战的坚强后盾。

完成上述重大任务,迫切需要人才支撑,因此必须集中力量,通过战斗和实际工作培养干部,选拔优秀人才充实党和老挝爱国战线的干部队伍。

党中央会议结束后,凯山、坎代·西潘敦和最高军事指挥部召开会议,总结军民斗争经验。凯山介绍了前线的实际情况："我们在一些战场取得了胜利,但也在另一些战场遭受了重大损失。因此,总结斗争经验是很有必要的。如果只知道作战,却不懂得总结,就不能很好地用实践经验指导以后的战役。"凯山与各级军官交谈时说："今后,我们应定期总结战术经验,战斗一结束就该做这项工作。"

1965年9月,战术经验总结大会召开,老挝人民军与越南志愿军各级军事指挥官参加了会议。会议讨论了老越两军在全国范围内联合作战、反扫荡、策反,以及扩大、巩固和保卫解放区等问题。

凯山参加了这次会议,听取了大家的意见,同大家一起总结经验。在9月21日的闭幕式上,凯山与参会官兵深入交谈了3个小时。凯山作为党的最高领导人,高度赞扬老挝人民武装力量官兵积极反抗美帝国主义及其走狗,赞扬越南志愿军积极参会并促成会议圆满成功。凯山回顾了人民政治力量和革命武装力量从无到有、从小到大的发展历程,时至今日,已成为全国各族人民的骄傲,巴特寮在国际舞台上的影响也日益凸显。因此,解决老挝问题必须要有老挝爱国战线的参与。"很明显,巴特寮是革命胜利的决定性力量。革命武装力量的发展壮大,得益于我党正确的政治路线,得益于各族人民英勇顽强的斗争,也离不开老挝革命和越南革命的紧密联系。"[1]

---

[1] 凯山·丰威汉.关于老挝民族民主革命//凯山·丰威汉.凯山·丰威汉选集(第一卷).万象:老挝国家出版社,1985:21.

关于老挝当前的战场局势,凯山表示,由于美帝国主义在越南南部地区的"特种战争"升级成"局部战争",老挝中部和南部地区战场局势进一步恶化。只要美帝国主义扩大在越南北部的战争,老挝北部特别是石缸平原地区的战争局势就会日益严峻。因此,在即将到来的旱季中,敌我战斗将更加激烈。

关于获得军事胜利的因素,凯山强调,要动员广大人民群众积极参加人民战争,壮大政治力量和军事力量,推动人民战争的发展。要大力建设和巩固解放区,坚决抵抗敌人的进攻,削弱并尽可能地消灭敌人的有生力量,粉碎他们的所有阴谋。

关于战术原则问题,凯山强调,要实事求是,因地制宜。每个战场都有自己的独特性。敌人的中央部队和地方部队与匪军不同,甚至流窜在各地的匪军也各有特点。因此,我们必须牢牢把握不同战场和敌人的特点,采取合适的军事路线和斗争策略,创造性地快速打败敌人。同时要动员和铲除匪军。

关于策反敌人的领导方针,凯山强调要将政治、军事和经济这三个方面紧密结合起来。以政治为根本,以军事为后盾,以经济为杠杆,夯实后方力量,为前线战场打败敌人提供支持。经济建设是为了改善人民的生活,实现"解放区发展到哪里,人民就在哪里当家作主"的要求。为了发挥人民在经济和生产中的主动性,我们要懂得运用科学技术,兴修水利,重视农业,发展手工业,逐步解放生产力。

以上是凯山在战术经验总结大会闭幕式上的重要意见。

与会者说:"吃饭的时候,凯山·丰威汉同志亲切地与我

们交谈,他说,老挝有句谚语'想要快就爬,想要慢就跑',这话
乍一听好像毫无依据,但深入思考就会发现它其实很有道理。
我们实行政治、经济、军事三个方面一起抓的路线,似乎难度
很大,但其实这是一条最快的路。为了给革命事业打下坚实
基础,必须经过从量变到质变的过程。凯山同志的话让与会
同志豁然开朗,大家纷纷提议将'想要快就爬,想要慢就跑'这
一观点写入会议总结。"

　　为了贯彻落实党中央一届十三中全会精神和凯山在战术
经验总结大会上的指示,各地军民英勇杀敌,捷报频传。从
1965 年 7 月到 12 月,沙拉湾、沙湾拿吉和川圹省军民多次击
退敌人的进攻,保护了老挝中部、南部和石缸平原等地解放区
的稳定。与此同时,在华潘、丰沙里、琅勃拉邦、琅南塔、乌多
姆塞等老挝北部各省,还对匪军进行了宣传动员,从敌人手中
解放了 16 000 多名群众。

　　政治上,凯山认为,老挝爱国战线和爱国中立力量联合的
意义日趋凸显。1965 年 10 月 2 日至 13 日,双方在华潘省万
赛县单保村召开了首次政治联合会议。会议指出,老挝爱国
战线与爱国中立力量的基本立场是坚决维护老挝的和平、中
立、独立、民主、统一、领土完整,尊重并执行 1962 年关于老挝
问题的《日内瓦协议》及其他三方协议,坚决反对美帝国主义
对老挝的侵略和干涉,通过没有外部干涉的三方会谈解决老
挝问题。对于会议的各项提议,爱国中立力量表示完全理解
和支持。

1966 年,作为革命最高领导人之一的凯山步入了人生第46 个年头。新年之际,有下属对他说:"46 岁这年会交好运的。"凯山反问他:"1965 年,我们的军民打了多少场战役?"下属回答道:"大约 1 400 场。"凯山追问:"获胜了几场?"下属回答说:"大部分战斗都取得了胜利。"凯山说:"我们一定要懂得从失败的战斗中吸取经验教训。"他提出了战术问题。某些战役之所以失败,是因为准备不充分。从战略上来看,只有做好准备,才能取得战役的决定性胜利。我们常常只关注前线战场,但其实后方也有许多重要部门。只有后方强大了,才能为前线提供粮食和武器,夺取战争的胜利。

1966 年初,老挝的战争局势空前严峻,民族解放战争面临许多新的困难。美国军事专家认为:如果美国能够摧毁川圹省的"共产主义老巢",占领波罗芬高原,就能锁定战场的胜局。

因此,美国驻老挝军事指挥部命令万象伪军发动新一轮战争,代号"因达",进攻劳安县、他灯县及波罗芬高原北部等根据地。与此同时,他们还大举进攻川圹省普谷山。革命力量英勇抗战 80 个昼夜,歼灭敌军近 600 人,击落飞机 33 架。

1966 年 4 月 28 日,老挝爱国战线中央委员会向普谷山官兵发去表扬信,授予他们"勇敢普谷"的荣誉称号。① 凯山认

---

① 党中央理论与实践研究指导委员会.老挝人民革命党简史.万象:凯
　　山·丰威汉纪念馆管理委员会印制,1997:148.

为,普谷山大捷开启了老挝抗美救国战争的新时期。

此外,革命军英勇击退了敌人在波罗芬高原及沙拉湾省劳安县、他灯县根据地的"因达"进攻。甘蒙省军民粉碎了敌人在布拉帕县廊康村的大扫荡。

这些胜利也是实践凯山提出的定期总结战略战术经验教训的要求所取得的成果。

在总结经验教训的过程中,凯山和党中央日益认识到巩固解放区及加强思想政治和组织队伍建设的重要性。1966 年3 月,党中央出台关于解放区经济建设和财政工作的决议,以解决粮食问题,为实现经济独立自主创造基本条件。

3 月 14 日,党中央发布关于建设"四懂得"党组织的命令指示,旨在全面巩固基层党组织,提高全体党员干部的政治思想水平和工作能力。凯山同中央直属机关党员干部就落实建设"四懂得"党支部的命令指示举行座谈时强调,党员干部一定要懂得如何领导人民与敌人作斗争,牢牢掌握游击队,保护人民的安全;懂得组织领导地方政权,建设团结一心、紧密合作的群众组织;懂得领导生产工作,改善人民生活水平;懂得巩固党组织,培养良好的生活、学习和工作作风。

除了进行总体指导外,凯山还向琅勃拉邦、琅南塔和乌多姆塞等一些省份下达了特别指令,要求各省重视领导和组织力量,动员、消灭匪军,发动游击战,迅速夺回敌占区,巩固、扩大解放区。凯山认为,巩固后方和解放区是党当前最重要最紧迫的任务。

由于决心坚定,措施有力,1966 年,革命军民在 655 场大大小小的战役中取得了胜利。尽管与前一年相比,进攻数量有所减少,但击退敌人的数量却增加了,特别是击落了 263 架美国飞机。这是革命军民取得的伟大战果。

1967 年,党中央制定方针政策,要求继续深入基层,把基层作为工作重心,成为攻打敌人的坚实依托。与此同时,要特别重视战略战术,歼灭匪军。由于万象伪军在正面战场遭受了严重失败,美国中情局希望通过扶持匪军活动来平衡力量。一位美国高级军官说:"大肆骚扰和暗杀老挝爱国战线干部,作用不亚于发动一次大型战争。"凯山强调,抗美救国斗争的特点是"既要消灭美军和伪军,又要消灭匪军"。

革命武装力量不断发展壮大。1967 年 7 月,根据党中央的方针路线,凯山、坎代·西潘敦召开党中央军事委员会军事政治工作会议,推动建设"三好军队"和评选"三好战士",本着以少胜多、以质胜量的精神,提高战斗力。

在凯山和党中央的集中领导下,1967 年,革命力量在北部、中部与南部战场不断取得胜利。这一年,革命军民共发动了 1 859 场战役,击退敌人约 16 000 人,缴获大量武器装备,击落美国飞机 268 架。除此之外,还多次大败敌军,例如 1967 年底至 1968 年初的南巴战役等。美国电台不得不承认:老挝爱国战线的武装力量越战越勇。凯山认为,老挝人民解放军①

---

① 译者注:老挝人民军前身,1965 年 10 月至 1982 年 7 月使用该名称。

和越南志愿军在琅勃拉邦省南巴战役中的联合作战,是印度支那老越兄弟战斗联盟的英雄壮举。

1967年底,凯山和党中央回顾并反思了1965年至1967年间的抗美救国斗争。在此基础上,党中央出台15号决议,确定了未来三年(1968—1970)的革命任务,即夺取抗击美国"特种战争"的胜利,为建设一个和平、独立、中立、民主、统一、繁荣的老挝创造条件。

1967年底至1968年初的南巴战役以革命力量大获全胜而告终。此后,白宫叫嚣道:"美国决不会快速结束在老挝的战争。"凯山在南巴大捷后评估局势说:"无论如何,美帝国主义必将失败。"为了扩大南巴战役的战果,党中央通过老挝爱国战线呼吁革命力量加强对匪军的动员教化和消剿工作,保护解放区的安全。1968年3月,革命力量依照党的路线方针,向华潘省帕梯的匪军发起进攻,一举捣毁匪军据点,解放了敌控区10个乡镇和近万名群众。

凯山高度评价了1968年所取得的巨大胜利。他说,老挝人民党和老挝爱国战线重视敌占区的攻治基础建设,派遣大批干部潜入敌占区,发动群众,防止群众被赶到敌人的"团结村""发展区"等地,抵制将群众从革命力量中分裂出去的图谋,策反敌军士兵回归人民,这是取得以上胜利的原因所在。

1968年底,万象省的革命力量得到恢复,基层组织不断巩固,涉及22个乡镇,22 000人。

总体而言,到1968年底,由北至南许多地方扩大了解放区。在解放区,人民扩大生产,发展农业,私有土地制度基本废除,党出台政策将公有土地分给农民。在条件允许的地方,革命政府开始着手建设轻工业、手工业和商业基础,进一步完善和发展了织机厂、缝纫厂、汽车修理厂、木材制品厂、打铁厂、制药基地、糕点厂、集体商店,以及从中央到各省、县、村的交通运输和邮电通信。诺哈·冯沙万高度重视财政基础建设,以满足斗争与巩固后方的需要。

老挝人民党和老挝爱国战线尤其重视文化、教育和公共卫生事业的发展。解放区修建了多所学校,逐步消除了文盲。解放区当时共有 400 多所中小学,约 36 500 名学生和 1 500 名教职员工。大批青年和大学生被送到其他社会主义国家深造学习,以便将来为国家建设作贡献。报纸和电台逐步恢复正常,老挝爱国战线出版社出版了多种图书,包括政治、文学及宣传党的路线和激发各族人民爱国热情的书籍等。建立了大量中央级、省级和县级医院及村级卫生院。解放区的面貌焕然一新,人民群众喜气洋洋,载歌载舞,老挝美好的明天即将到来。

革命力量的壮大为老挝爱国战线中央委员会在 1968 年 10 月 12 日制定 12 项政治纲领奠定了基础,该纲领旨在将老挝建设成一个和平、独立、中立、民主、统一、繁荣的国家。

1969 年,革命力量取得了飞跃式发展,但同时也遭遇了敌人新一轮的阴谋和反扑。美帝国主义扩大了在老挝的"特种战争"。坎代·西潘敦在其军事选集中对美国在老挝的"特种战争"和扩大的"特种战争"作出了明确的解释。"特种战争"
由美帝国主义一手炮制,包括万象右派军队、王宝特种部队①
和美国援军,而扩大的"特种战争"则包括万象右派军队、王宝
特种部队、泰国军队和美国空军。因此,扩大的"特种战争"远
比"特种战争"危险得多。由此可见,尽管美帝国主义在老挝
遭到了失败,但仍贼心不死,妄图将老挝变成它的新型殖民地
和军事基地。

接替约翰逊担任美国总统的是尼克松,此人十分好战,正
如有人形容的:"他喜爱流血甚于玫瑰花,他喜爱战争甚于谈
判。"曾有西方人说:"尼克松本人制订了扩大的'特种战争'
方案。"尼克松时期,美国对万象右派的军事援助多达约翰逊
时期的两倍。万象右派军队数量由 130 个营增加到 150 个,特
种部队由 64 个营增加到 84 个。美国军事顾问增至 12 000
人,其中 600 人直接指挥特种部队战斗,他们牢牢掌控了每个
营甚至每个连。1969 年至 1972 年,多达 40 000 人的泰国雇
佣兵(根据西方媒体公布的数字)参加了在老挝的"特种战
争",他们配备了先进的武器,给老挝革命带来新的困难和严
重危胁。

美帝国主义的空袭空前猛烈。一位美国参议员在其公开

①译者注：王宝曾任老挝王国政府第二军区司令，后为老挝北部地方
　武装首领，接受美国援助后组建了一支 2 万余人的"特种部队"，并
　被任命为该部队司令。

出版的书中提到:关于老挝战争,尼克松避而不谈的是美军出
兵老挝的次数。1968 年底到 1969 年初,美帝国主义每个月派
遣战机 4 500 架次轰炸解放区。更严重的是,美军战机轰炸了
民舍和农田,强迫老百姓集中迁至湄公河边的平原地区,从而
将人民群众与革命根据地分离。凯山指出:"美帝国主义利用
空军对我们进行军事打击和政治威胁,但他们最终是无法战
胜我们的,因为他们不是老挝人,我们才是! 我们是为了民族
的独立和自由而战。美帝国主义绝不可能让老挝人民俯首为
奴,因为我们具有崇高的爱国精神,各族人民在党的旗帜下团
结一致英勇斗争。美国空军强盗在我国领空横行霸道,同时
在地面战场利用王宝特种部队与美军火力配合,发起了名为
'团结战'的大型战役,进攻川圹省绥县,企图占领苏伊县,作
为其进攻石缸平原的跳板,由此将扩大的'特种战争'的战火
烧遍我们所挚爱的祖国广袤的土地。"

面对越来越危急的局势,凯山、坎代·西潘敦和最高军事
指挥部审议通过了北部军事指挥部提交的作战计划。老挝北
部军民联合越南志愿军 316 营,向敌人发起反攻,歼灭驻扎在
绥县的敌军。当时正值雨季,革命军的作战条件异常艰苦,许
多人没有倒在敌人的枪炮下,却被疟疾夺去了生命。但是,凭
借顽强的战斗精神和战胜敌人的坚强决心,以及老挝人民解
放军和越南志愿军的特殊战斗联盟,1969 年 7 月 4 日,革命军
民最终取得了绥县战役的伟大胜利,歼灭敌军 3 114 人,约占
1968 年至 1969 年旱季所消灭的全部敌人数量的四分之一,摧

毁了敌人"移动的直升机"战略。这是尼克松提出的"在扩大的'特种战争'中利用老挝人打老挝人"理念遭遇的一次重大失败，但对老挝人民解放军而言，这是一次重大的胜利。

绥县战役失败后，驻扎在西贡的美国空军军官立即赶赴万象，与当地美国军官和万象伪军军官共商对策，讨论是否再次进攻石缸平原。凯山、坎代·西潘敦和最高军事指挥部共同评估了当前局势：无论如何，敌人一定会"集中火力"进攻石缸平原地区。之所以作出上述判断，是因为根据大家的观察，目前战场上的敌军力量还很强大，除了王宝特种部队以外，还有美军、泰军、西贡伪军等。另一方面，石缸平原的确是一个军事战略要地，一旦失守，其他地方也很难保住。

在作出"敌人一定会大举进攻石缸平原"的判断后，凯山、坎代·西潘敦和最高军事指挥部严阵以待，调派大部分兵力北上准备战斗。同时，越南志愿军也及时回应老挝党中央和最高军事指挥部的请求，向老挝北部增兵。

事实证明上述判断是准确的。在"第二次团结"战役大败后不足一个月，也就是1969年8月，美国命令其走狗发起规模空前的"挽回尊严"战役，直接进攻石缸平原。西方报纸评论道，"挽回尊严"这一名字的意思是，尼克松得知美国在绥县战役中惨败的消息后，大为恼火，希望通过这次战役挽回颜面。从1969年8月到1970年2月，美帝国主义和万象右派政府共派出50个营，其中主要是王宝特种部队，还有5 000名泰国雇佣兵，加上美国空军和200架美国战机。B－52轰炸机

对石缸平原和老挝北部地区的民舍、农田和寺庙进行了疯狂
轰炸。美军每天向解放区投掷的炸弹不少于 1 000 吨。美军
指挥部认为,只要他们在"挽回尊严"战役中取得胜利,就有机
会进攻桑怒,从而彻底消灭老挝人民党和老挝爱国战线,将老
挝变成美国的保护国。凯山洞悉了敌人的侵略意图,他说:让
我们拭目以待吧,看看究竟谁将战胜谁。凯山召开会议,向军
事专家和指挥官通报局势,并指示老挝人民解放军和越南志
愿军积极准备挫败敌人"挽回尊严"的企图,保护人民,保卫解
放区。坎代·西潘敦是本次战役的直接指挥者。

　　革命军民进行了周密的准备,采取了严格的保密措施,打
得敌人措手不及。但是,由于敌人在本次战役中投入了大量
兵力,石缸平原的战斗异常艰难。1969 年 10 月是战斗最激烈
的时候,老挝人民解放军和越南志愿军向石缸平原的敌人发
起猛烈反攻,使敌军丧失了战场主动权。美国情报机构向华
盛顿汇报称,美国即将失去石缸平原。美国国防部长莱尔德
决定增派 B－52 轰炸机,加大对石缸平原的空袭,但已无法改
变他们失败的命运。这是革命军英勇的战斗精神与美军及其
走狗现代化技术之间的较量。最终,老挝军民成功粉碎了敌
人的进攻,再次彻底解放川圹省石缸平原地区,将 6 000 多名
敌军赶出战场,缴获数以千计的各类武器和数辆军用车辆,击
落 42 架战机。此后,革命军继续追击敌人,将他们赶出乌多
姆塞省巴泵地区,解放了湄公河沿岸的大片土地。1969 年,老
挝军民共计歼灭敌军 20 000 人,击落战机 200 架。

　　老挝在"挽回尊严"战役的胜利既标志着"尼克松理论"的破产，也标志着由王宝特种部队与美国空军部队发起的扩大的"特种战争"失败已成定局。凯山对这次胜利感到十分自豪，苏发努冯、诺哈·冯沙万和坎代·西潘敦也对老挝人民解放军飞跃式的发展，以及广大官兵运用灵活的战术英勇抗战所取得的辉煌胜利感到无比高兴。

　　正当川圹省军民集中力量抵御敌人进攻，摧毁敌人"挽回尊严"企图的时候，党中央、老挝爱国战线中央和全党、全军、全国各族人民从电台中得知：胡志明主席于 1969 年 9 月 2 日逝世。当时，凯山正在华潘省万赛县主持会议。他后来回忆道："当我得知胡志明主席逝世的消息时，只感到一阵眩晕。我非常怀念胡志明主席，他是越南人民的伟大领袖，是国际共产主义和工人运动英明的先驱者，也是老挝人民的伟大朋友。"

　　凯山召集了老挝人民党和老挝爱国战线在万赛县的领导干部，讨论举办胡志明主席追悼会的相关事宜。1969 年 9 月，胡志明主席追悼会在华潘省万赛县庄严举行。凯山强忍心中的悲痛，代表老挝人民党、老挝爱国战线和老挝人民致追悼词，高度赞扬了胡志明主席的生活作风和革命事业。他说，胡志明主席坚定勇敢的革命信念是共产党人乃至老挝革命者的一面明镜。

　　凯山回顾了胡志明主席的伟大思想——"独立至上，自由至上"。这是为了人民、服务人民的思想。凯山还高度赞扬了胡志明主席崇高的革命品德和作风:他生活简朴,为人谦逊,跟人民打成一片。

胡志明主席为老挝革命战略、策略和行动方式的确定作出了重要贡献,推动老挝革命克服重重困难,完成了具有转折性意义的历史使命。因此,对于正在争取独立和自由的民族而言,胡志明主席是最可信赖的战友。基于上述精神,凯山呼吁全党、全国人民积极斗争,彻底打败美帝国主义扩大的"特种战争",实现民族解放。

在悼念胡志明主席时,凯山难掩内心的悲痛,泪水夺眶而出。追悼会结束后,凯山返回办事处,对参加追悼会的同志说:"我有幸见过胡志明主席多次,每次见面都让我印象深刻。1950 年底,随着革命斗争运动不断发展壮大,胡志明主席让我们清楚地认识到,必须建立老挝自己的马列主义政党,领导老挝革命。胡志明主席指引我走上了爱国主义和马列主义的道路。"

1970 年,美帝国主义多次进攻解放区。凯山早已判断美帝国主义还会在老挝垂死挣扎,因此,党中央和老挝爱国战线召开会议,讨论制订计划粉碎美帝国主义及其走狗的阴谋。会议认为,当前的重要任务之一是全力保卫解放区,创造一切条件解放战略要地,扩大解放区。军事上,继续加强主力部队的现代化武器装备,做好打大仗的准备。政治上,动员城市居民,强烈谴责美帝国主义派遣战机投掷炸弹和喷洒化学制剂残害老挝人民的罪行,要求美国及其走狗从老挝撤出全部军队和武器装备。之后,党中央通过老挝爱国战线制定了解决老挝问题的五项举措,其中包括:要求美帝国主义停止侵略老挝的战争;投票选举新一届议会,组建联合政府;召开多党派政治协商会议,讨论解决老挝国内问题的办法,争取实现国家统一、民族团结。

1970 年 3 月 6 日,老挝爱国战线宣布了解决老挝问题的五项举措。1970 年 4 月 24 至 25 日,印度支那三国四方最高级会议在中国北京正式召开。这是老挝、越南、柬埔寨三国联合作战的见证,有利于三国的抗战事业,也有利于老挝爱国战线实施解决老挝问题的五项举措。

正当美帝国主义及其走狗进退维谷,不知如何应对老挝爱国战线提出的解决老挝问题的五项举措时,老挝革命主力部队向驻扎在桑通—龙镇地区的三宝特种部队发起持续进攻,取得了巨大胜利。敌军遭到重创,损失惨重。

根据秘密情报,在革命力量取得石缸平原和桑通—龙镇地区的重大胜利后,驻印度支那的美军将领加紧活动,准备大举进攻老挝和越南。美国认为,到"战争升级"的时候了。

消息传来,正在川圹省工作的凯山立即动身返回桑怒,同党的其他领导人共同探讨日益复杂的形势。1970 年 6 月 25 日,凯山召开党中央常委会会议,研究分析时局并制定新时期工作任务。会议深入分析了美国的新阴谋,认为虽然美国目前还不具备将在老挝的"特种战争"升级为"局部战争"的条件,但如果美国增派大量泰军进入老挝,那么即使还是"特种战争",也会变得更加激烈。历史证明,上述判断是完全正确的。

进攻地点的选取是一个难点。经过详细讨论,党中央常委会一致决定,从老挝中部和南部发起进攻。进攻地区和进攻点的选择,是重要的战略战术和军事策略。正因为凯山和党中央常委会制订了合理的计划,选择了正确的战场,才能在反攻敌人的过程中始终牢牢掌握战场的主动权。

与党中央的预判一致,美国驻老挝军事指挥部决定夺取战场上的主动权。1970年雨季,敌人集中兵力进攻琅勃拉邦省巴乌县、沙湾拿吉省平县和阿速坡省,企图夺回失地。这是一场拉锯战,革命军民最终击退了敌人。由于西贡伪军在柬埔寨战场的失利,1970年旱季至1971年,老挝南部地区成为美国发起反攻的主要战场。

1971年1月,凯山召开党中央会议,通过了新的作战计划,明确了当前斗争的主要任务,即在"一切为了前线,一切为了胜利"的口号指引下,打败美帝国主义和万象右派力量。这种坚定的决心在此后军民的行动中也有所体现。

1971年初,美国驻印支半岛军事指挥部决定发起大型战役"蓝山719行动",攻击老挝中部地区的9号公路,从而将老挝的解放区一分为二,破坏形成已久的革命区连成一片的态势。美国此次进攻不同于以往,"蓝山719行动"以西贡伪军为主力,加上一部分老挝伪军,由美国空军和陆军严格控制。美军在"蓝山719行动"中投入了45 000人,投入坦克、装甲车和运兵车 4 100 辆、各式战斗机 1 500 架、大炮 300 门。这是美国和伪军发起的一场规模空前的战役。在军队开赴战场前，一名美国军官说："这次战役的胜利将拉开我们夺取印度支那半岛其他战场胜利的序幕。"

党中央和凯山认为，老挝爱国战线的力量还不够强大，必须与越南志愿军联合起来，向敌人发起强有力的反攻，才能夺取胜利。凯山、坎代·西潘敦等直接参与指挥战斗。这场战役从 1971 年 2 月 8 日持续到 23 日，革命军队取得了伟大胜利，歼灭敌军 15 400 人，其中包括 200 名美国人。此外，还破坏和击落战机 496 架，缴获各式武器装备 5 000 件。

9 号公路大捷给老挝革命带来了新的希望。凯山在总结本次战役经验时指出："老越联合得越紧密，战斗力就越强，我们取得的胜利就越大。"

1971 年 6 月 1 日，凯山在党中央会议上指出，前线的中心任务是继续打败美帝国主义及其走狗，创造重大转折，夺取战争的完全胜利。他判断：随着老挝战争的扩大，其性质也会随之变化，与整个印度支那战场的联系也将越发紧密。因此，老挝在发起战役时，要充分考虑越南战场和柬埔寨战场的局势。

美军在 9 号公路战役失败后，多名指挥官主张将石缸平原作为主战场。党中央和军事指挥部洞悉了这一新的阴谋，紧急作好各方面的布署，随时准备迎战敌军。老挝人民党和越南共产党举行会晤，一致决定联合作战，向敌人发起反攻，解放石缸平原。这次战役于 1971 年 12 月 18 日打响，老挝人民解放军和越南志愿军浴血奋战了 3 个月,最终成功击溃敌军 30 个营,歼灭敌军 6 000 人,其中,泰国军人 3 432 人,解放群众 10 000 多人,使川圹省解放区与华潘、丰沙里、琅南塔、乌多姆塞、沙耶武里等省解放区连成一片。北部战场取得了巨大胜利。与此同时,南部大部分匪军据点被捣毁,战略要地波罗芬高原也处在革命军队控制之下。

老挝军民所取得的石缸平原大捷,敲响了"尼克松主义"在老挝即将彻底破产的丧钟。凯山总结道:"尼克松理论在老挝遭遇了政治和军事上的惨败。尽管美国有强大的军事和经济实力,但他们最终也无法挽救陷入泥潭的万象伪军、雇佣军和特种部队。"

凯山强调,这次胜利主要依靠老挝各族人民的力量和老越军民联合作战。老挝和越南自古以来团结互助,如同住在同一屋檐下的同胞,也是共居长山山脉两侧的兄弟。

老挝人民革命党总书记凯山·丰威汉

在老挝各族人民的抗美救国斗争进入转折阶段之际,老挝人民党召开了第二次全国代表大会。

会议召开前的两三个月,凯山会见了党中央委员会成员以及党和爱国战线的高层领导,就当前的革命形势、革命路线和方针等交换了意见。凯山深入多个省、县、乡、村了解情况。到访沙湾拿吉省期间,他在一间小茅草屋里跟群众交谈,这间茅草屋位于色邦彦河岸边、达嗨桥旁靠近萨波待瀑布的一棵大树下。结束沙湾拿吉的工作以后，他又北上甘蒙和波里坎赛省。这次考察后，凯山认真撰写了符合国内经济社会状况的工作报告。

二大召开前夕，凯山更是殚精竭虑。据当时在万赛工作的同志回忆，1972 年初，凯山夜以继日地准备政治报告，晚上经常就着昏暗的煤油灯读书写作，直至深夜。政治报告初稿完成后，凯山请助手送给诺哈·冯沙万、苏发努冯、富米·冯维希、坎代·西潘敦、奔·西巴色、西宋蓬·洛万赛等同志征求意见。凯山一直相信集体的智慧，认为这是党的力量源泉。会议召开之前，全党积极开展政治生活。由于当时处于战争时期，各项准备工作必须极其谨慎稳妥，绝对保密。美国情报部门曾扬言能够提前知悉即将发生的事件，但大概连他们也不知道，老挝人民党正在紧锣密鼓地筹备全国代表大会。

代表全国 2 万名党员的 125 位代表冒着枪林弹雨参加了会议，大家就各地区的斗争形势和生产状况展开讨论。富米·冯维希对此表示非常自豪，他吟诵了两句诗词抒发内心的感受，大意是：美丽的山川啊，仿佛由百花装点。

老挝人民党二大的召开，如同战火中的一次盛大节日。这次会议于 1972 年 2 月 3 日在华潘省万赛县开幕，2 月 6 日闭幕。万赛县当时已经是解放区，人民生活步入正轨，生活水平有所提高。

大会开幕当天，凯山早早地起来研读政治报告。他也鼓励大会筹备小组的全体成员努力完成任务。

会议期间,凯山、诺哈·冯沙万、苏发努冯、坎代·西潘敦等会见了与会代表,交流各地的情况。大会洋溢着喜庆亲切的气氛。

凯山代表第一届党中央作了政治报告,该报告由三个部分组成,即世界形势和革命运动,老挝国情特点、社会特点、领导路线方针和革命政策,党建工作。

囿于当时所处的历史时期,1972年的政治报告中对国际形势的简要评价不可避免地存在一定的局限性,但对于国内情况,报告明确地指出,老挝革命经历了两个时期:抗法时期(分为两个阶段:第一阶段为1930年至1945年,第二阶段为1946年至1954年)和抗美时期。抗法时期主要是发动群众,建设革命基层组织和革命根据地。之后逐步发展到城镇周边地区,一边抗战,建设政治和军事力量;一边发展生产,自给自足,加强支持伊沙拉阵线各民族之间的团结和平等,加强军民团结和老越军队团结。抗美时期主要是全面巩固和壮大革命力量,首先是武装力量。在工农联盟的基础上建立爱国战线,团结一切爱国力量,将政治斗争与军事斗争、谈判斗争紧密结合。

关于抗法时期老挝的社会性质,报告中明确表示,这一时期的老挝社会主要存在农民和地主两个阶级。到了抗美时期,产生了两个新的阶级,即工人阶级和小资产阶级。因此,这一阶段的社会既有新殖民地和半封建性质,又有人民民主性质。

关于党的领导,报告中强调:"党是确保人民革命事业走向胜利的决定性因素。"同时,报告中还强调:"老挝人民党的成立,是老挝各族人民的爱国运动与胡志明同志传播到印度支那的马列主义工人运动相结合的产物。"

老挝人民党坚持将马列主义和真正的爱国主义,以及国际共产主义作为各项工作的思想基础和指导方针,将民主集中制作为党的组织原则,将批评和自我批评作为促进党的发展的重要法宝。

以上是凯山在老挝人民党二大上作的政治报告的主要内容。

会议通过了党中央常委会委员诺哈·冯沙万提交的党章(修正案),决定将老挝人民党更名为老挝人民革命党,中央指导小组更名为中央委员会,中央指导小组常务委员会更名为中央政治局,中央指导小组总书记更名为中央委员会总书记。

会议选举了新一届中央委员会,包括23名正式委员、6名候补委员。二届中央委员会首次会议选举产生7人组成的中央政治局,他们是:凯山·丰威汉、诺哈·冯沙万、苏发努冯、富米·冯维希、坎代·西潘敦、奔·西巴色、西宋蓬·洛万赛。凯山当选为二届中央委员会总书记。

1972年2月17日,中央委员会会议召开,会议决定组织宣传二大成果,贯彻会议路线,发扬革命精神,坚决战胜美帝国主义侵略者。广泛团结一切革命力量,以工农联盟为基础,争取更大的胜利。凯山亲自到一些机关单位和武装部队进行宣讲。

二大以后,抗美救国斗争继续发展。1972 年 5 月,南部的革命军队向敌军的 6 个营发起反攻,解放波罗芬高原。此外,连续粉碎敌人代号为"宋赛""法昂""黑狮"的多次进攻。

此时,美帝国主义开始感到如鲠在喉,正如西方电台评论称,美国可能会与爱国战线进行谈判。凯山根据所获情报判断,美国想在优势条件下开展谈判。

不出所料,1972 年 5 月 7 日,敌人向石缸平原进军,企图占领川圹省桑通－龙镇、帕赛山、达林山洞、普荣山等地,但都被革命军击退。

凯山在与参加石缸平原战役的官兵交谈时说:"老越兄弟联合作战和战术配合堪称完美!"

1972 年 10 月 7 日,老挝爱国战线代表团与王国政府在万象举行会谈。由于王国政府缺乏诚意,会谈被推迟,没有取得什么实质性成果。凯山指示,要坚持和平谈判与武装斗争相结合,胜利一定属于我们。党发动人民起来斗争,要求结束战争,恢复和平。革命军在各个战场上继续粉碎敌人对解放区的进攻。这个时期,越南军民也取得了全国各个战场和外交战线的重大胜利。

1973 年 1 月 27 日,美国签署了关于越南问题的《巴黎协定》,同意停止轰炸越南,并从越南南部撤兵。

针对这种情况,凯山敏锐地觉察到,这是一个好机会,有利于老挝革命夺取军事和政治尤其是政治谈判的胜利,实现民族团结和睦。

上述推断很快成为事实。经过多轮谈判,1973 年 2 月 21 日,万象政府与老挝爱国战线签署了关于老挝问题的《万象协定》,决定停止战争,停止与外国的一切军事联系,承认爱国力量的解放区,将万象和琅勃拉邦作为中立城市,组建民族政治联合委员会和临时联合政府。凯山表示,这是一次全面的根本性的重大胜利,但老挝仍需继续努力,才能取得完全胜利。

《万象协定》签署后,形势发生了复杂的变化,对和平力量极为不利。美国认为这是一次惨重的失败,于是唆使培·萨纳尼空势力对协定表示不满,同时突然发动政变,妄图破坏《万象协定》和民族和睦,造成老挝国内局势的紧张。

1973 年 8 月 20 日,培·萨纳尼空与泰国军队支持下的富米和陶马势力勾结,向万象进军,企图制造政变。政变军队占领了机场、银行、国家电台等一些重要场所。

当时,爱国战线在万象设立了代表处。为了制止政变力量,爱国战线代表在万象会见了美国驻老挝大使,建议美方下令停止政变。同时建议富马首相发表声明,谴责培·萨纳尼空和富米妄图破坏《万象协定》的阴谋,呼吁人民抵制政变行为。爱国战线的努力取得了成效,1973 年 8 月 20 日中午,政变结束。

凯山号召万象人民齐心协力保家卫国,坚持民族和睦政策,为再次建立民族联合政府作准备。

紧张的局势不断缓解,万象人民的生活逐步恢复正常。为了执行《万象协定》,1974年,党中央和爱国战线中央迅速向万象和琅勃拉邦两个中立城市增派兵力。革命军队以昂扬的士气进驻目的地,当地百姓高举彩旗和鲜花,热烈欢迎革命战士。

1973年10月4日,凯山召集政治局会议,讨论当前局势。他认为,革命已经进入一个新的阶段,即"由战争转向和平,由武装斗争和政治斗争转向政治斗争和法律斗争,由两个战略地区变为三个战略地区,分别实施不同的斗争策略"。这个问题在1974年2月召开的党中央会议上进行了更详细的讨论。

凯山对人民战争路线进行了深入研究,完成重要著作《论老挝人民战争路线》,并在老挝人民解放军成立25周年(1949年1月20日至1974年1月20日)之际出版。凯山在该书的开篇强调,老挝各族人民的革命斗争是长期激烈的。党的革命路线和战争路线紧密相连,符合老挝的特点和国情。老挝人民战争的本质是解放国家,解放劳动人民,争取各民族和各阶层人民的根本利益。这场战争的背景是国家积贫积弱、自然条件恶劣,但是人民群众在党的动员下,同仇敌忾抵御外侮。虽然我们的兵力和武器装备都远不如敌人,但最终实现了以弱胜强,以精神战胜物质。

《论老挝人民战争路线》一书指出,人民战争的内容包括:发动和组织各民族各阶层人民,团结一心奋起抗敌,建立强大的政治基础和人民武装力量,将武装斗争和根据地建设结合起来,将大后方建设与武装斗争和政治斗争结合起来,加强党的全面集中统一领导,将党的领导作为夺取人民战争最后胜利的决定因素。

人民战争的一个重要问题是战略指导。凯山强调,首先,应认真领会和把握进攻思想,将革命战略正确地、创造性地运用到人民起义和人民战争中,应熟练地利用武装力量和政治力量,将军事斗争和政治斗争有机结合,夺取革命的胜利。同时,将游击战争与正面战争相结合,以少胜多,消灭敌人,让人民当家作主。这是凯山在《论老挝人民战争路线》一书中提出的最重要的指导思想,为后来的大反攻乃至全国民主革命的完成作了军事和政治上的准备。

除了人民战争以外,18 年(1955—1973)的革命斗争经验也需要进行总结。1974 年 2 月 17 日,二届二中全会由凯山主持召开。中央政治局委员评价老挝革命 18 年来取得了"巨大的、跨越式的、历史性的、时代性的"胜利。凯山认为以上评价准确反映了 18 年来老挝抗美救国革命斗争的特点。随后,党中央制定了全面具体的路线,带领革命继续前进,完成未尽的任务。

会议闭幕后,凯山专门会见了诺哈·冯沙万、苏发努冯、富米·冯维希和坎代·西潘敦,对大家领导各地起义夺权的任务进行了详细分工,凯山负责南部,诺哈·冯沙万负责中部,坎代·西潘敦负责北部并进攻中心地区,苏发努冯则率领爱国战线代表团先行进入万象,根据党中央的指示,参与组建联合政府和民族政治联合委员会。

1974 年 2 月底,凯山从桑怒出发,沿着 8 号、1 号和 23 号公路南下,途经波里坎赛、甘蒙和沙湾拿吉,一直到阿速坡省。其中,从色贡到阿速坡一路跋山涉水,异常艰辛。

凯山在色贡河边的一幢老房子里住下,稍事休息就下河洗澡。勤务员担心他有危险,想要阻止。凯山说:"没什么可害怕的。"当时的助手苏万迪·西沙瓦回忆凯山在阿速坡工作的岁月时说:"在对南部省份的领导干部进行夺权斗争培训的那段时间里,凯山同志常去色贡河游泳。"凯山此次南下阿速坡的主要目的是对南部省份的骨干领导进行夺权斗争培训,当时参训人数约 40 人,来自占巴塞、西潘敦①、沙拉湾、达稳欧②、波罗芬③和阿速坡省。培训从 1974 年 3 月初开始,持续了 11 天,地点在萨马克赛县的一个会所,阿速坡人民习惯称之为"色雅"(在色贡河畔)。

凯山全程参与了培训的交流和讨论,讲述了 1871 年巴黎

---

① 西潘敦省现已并入占巴塞省。
② 达稳欧省现已并入色贡省。
③ 波罗芬省现已并入占巴塞省。

公社起义①和1917年俄国十月革命②的经验,并进行了详细的分析。他表示,巴黎公社起义的失败,主要归结于领导人的失误。当时法国的无产阶级还很弱小,没有政治路线,缺乏共产党的领导,同资产阶级的斗争也不够坚决,最后白白浪费了大好机会,让资产阶级重新集结力量实施反击。

凯山对越南革命在1945年8月所取得的胜利也进行了正确的评价。他说,越南人民首先深刻领会了胡志明思想,即:依靠自身力量解放自己,自下而上地准备革命力量,逐步夺取胜利;从局部起义到大规模起义,直到取得全国范围内的胜利;将政治斗争和武装斗争紧密结合,将城市和农村相结合,将合法手段与"非法手段"相结合,创造和把握机会分化敌人,将党建设成为政治、思想和组织过硬的领导核心,深入基层,深入群众。

凯山号召全体干部认真学习巴黎公社起义、俄国十月革命及越南八月革命的经验教训,同时提醒大家应重视老挝实际情况,一旦脱离了国情,领导路线就会出问题。

培训的时候,有些人问:"什么时候才能发动全国人民起

---

① 巴黎公社运动是1871年法国巴黎工人为了推翻资产阶级政府,组建革命政权而发动的起义。这次运动是无产阶级推翻资产阶级统治,建立无产阶级专政的一次伟大尝试。
② 列宁领导的世界上第一次获得胜利的无产阶级革命,后成立了苏维埃社会主义共和国联盟。

义?"凯山回答道:"以目前的形势来看,一年半以后,我们就能在全国范围内起义夺权。从现在开始,只要哪个省哪个乡条件成熟了,就应该起义,并立即在解放区建立人民政权。"还有些人问:"粮食和武器从哪儿来呢?"凯山说:"粮食当然要靠老百姓,要善于利用当地的后勤部门。至于武器呢,同志们要在敌军士兵内部做工作,用敌人的枪打敌人。"

凯山还在培训时提醒广大干部,一定要作好全面准备,等候时机,将全国政权夺回人民手中。要综合利用各种力量,将敌人引入不利形势。同时,要团结爱国力量和中立力量,尽快组建临时联合政府。

培训结束后,凯山跟大家告别,他说:"机会马上就要来了,要赶紧动手。胜利的那天,我们一定会在万象重逢。"

离开阿速坡,凯山前往西潘敦省,与当地领导班子共同商讨,为尚未解放地区的夺权工作作好准备。

此后,凯山计划抄近路前往波罗芬省。但由于行程被泄密,右翼军队第四指挥部派了四个连封锁道路,妄图逮捕凯山。凯山想尽快同波罗芬省委领导一起开展工作,考虑到路途遥远,不想原路返回。他指挥车队掉头,让老百姓散播消息说他已经回到阿速坡。敌人闻讯后,只能失望地将部队调回巴色。这时,凯山要求大家调头前往西潘敦,平安经过之前敌人封锁的道路。到达沙拉湾省劳安县时,凯山身患重疾,在沙拉湾休整数日。他说:"来南部工作以后,被蚊子叮咬了多次。可能是因为这个原因,才染上了疟疾。"病愈以后,他还开玩笑说："连敌人都拿我们革命者没办法,山林中的蚊子更害不死我们了。我们的军队一定会到达万象的。"

结束了沙拉湾省的工作后,凯山回到桑怒。前方传来消息,巴特寮的军队已经如期进驻万象和琅勃拉邦。1974 年 4 月 3 日,爱国战线中央委员会主席苏发努冯及部分爱国战线干部也来到万象,准备组建临时联合政府和民族政治联合委员会。4 月 5 日,西萨旺·瓦塔纳国王在万象签署协议,成立临时联合政府,任命梭发那·富马亲王为首相。同时,承认以苏发努冯为主席的民族政治联合委员会。随后,苏发努冯给凯山及解放区的中央政治局委员传来消息:民族政治联合委员会通过了 18 项政治纲领,旨在将老挝建设成和平、独立、中立、民主、统一、繁荣的国家。凯山得到消息后,选派一批干部前往万象,并向苏发努冯通报:中央政治局一致同意 18 项纲领,要尽快落实。

决定性的转折

1974 年 4 月,党中央评估了当前的形势特点,作出关于新时期革命路线和任务的决议。该决议指明了新形势下老挝革命的特点,即从武装斗争转变为政治斗争。这个阶段,老挝有三个不同政权,即:解放区,占据全国五分之口的土地,拥有人民民主政权;万象方面临时控制区;以及中央联合政权管辖的中立区。形势朝着对革命有利的方向转变,但取得完全胜利仍需经受严峻的考验。老挝人民革命党应继续高举和平、独立、民主、团结、统一的旗帜,加强全国人民及同各国的团结,坚决反击美帝国主义和右翼反动势力的一切阴谋诡计。

凯山表示,有了正确的路线,加上老挝爱国战线士兵进驻万象,夺取完全胜利的条件逐渐成熟了。但美国仍不甘心放弃万象,他们继续向右翼政权军警提供支持,利用万象国会压制联合政府和政治联合委员会,政治氛围日益紧张。

面对这种情况,凯山组织召开政治局会议,评估当前局势;同时致电苏发努冯,请其务必觐见国王,解散万象国会。这项工作于次月即 1974 年 7 月 10 日取得了成效,国王下旨解散了万象国会。

为了掀起全国政治斗争高潮,中央政治局指示万象省委领导人民举行示威游行,要求美国和万象右翼势力必须执行民族和平独立的政策。1974 年 5 月 7 日,万象、琅勃拉邦、甘蒙等多地青年学生、知识分子和民众纷纷举行示威游行,庆祝《万象协定》的签订,支持联合政府和政治联合委员会。

凯山致电在万象的苏发努冯,请其继续向美国及其顾问施加政治压力,要求他们尽快撤离老挝,让老挝人自己解决国内事务,不受外国干涉。

在重重压力之下,1974 年 5 月底,美国和泰国军队发表声明称将从老挝撤军。同月底,200 名美国士兵及顾问撤离老挝,泰国军队也于 6 月 30 日撤离。但还有一部分在美国国际开发署援助部门工作的美国军事人员和顾问仍留在万象。这是一次重大的胜利。凯山和中央政治局意识到，王宝军队依然是一个不容忽视的威胁。应该通过临时联合政府，以"如果任其发展，将对老挝和平造成威胁"的理由逼迫他们立即解散军队。至此，王宝军队被逼到绝境，陷入被动。一些部队被解散，转而与人民合作。凯山同党中央办公厅的同志们谈到，老挝革命就像风中的风筝，我们要制造风势，才能让风筝飞得更高。一定要抓住这个机会，推动外交活动，扩大与兄弟国家及友好国家的交往。

1974年11月，党中央召开会议。凯山在会上表示："人民斗争运动的日益高涨，促使美军和反革命势力节节败退，敌人的力量日益衰弱，而与此同时，人民团结力量不断增强。因此，我们一定能取得最后的胜利。"他还以木头打比方说："我们要折断一捆木头很难，但是如果一根一根折断，就会容易得多。"凯山善于运用通俗易懂的比喻，这也是他在工作中常用的方法。

党中央会议认为，目前，万象方面临时控制区已经收缩至湄公河沿岸地区，称作临时敌管区。但这些地区也有老挝爱国战线在联合时期建立的革命基层组织。为了落实《万象协定》，老挝人民革命党派遣了一批革命官兵驻扎这片地区。此外，在联合政府和民族政治联合委员会两个最高权力机构中，革命力量也占据了重要席位。

党中央确定了新时期革命的基本任务，即保卫和建设解放区，使之"如同一个国家"。把解放区建设成全国革命的坚实后盾。同时,在中立区和敌占区建立革命基层组织。抓住机会扩大群众的合法斗争,推动全国革命运动迈上新台阶。

党中央会议决议指出,党的指导方针和斗争策略是高举和平、独立、民主、团结、统一的旗帜,争取国王和王室等一切可以争取的力量。

会议结束后,凯山和中央委员分头到全国各地各省调研,领导和组织人民的斗争运动,要求自由、正义、人权、民主,夺取地方政权,实现人民当家作主。这次,凯山成功策反了一批敌军官兵投归人民,取得了重大的政治胜利。早在万赛根据地的时候,凯山就着手研究和制订策反敌军的方案,这些方案在万象等地得到广泛实施。他曾对助手说:"现在这个时候,就应该尽量争取更多力量来支持革命,越多越好。"

基于以上精神,1974 年 12 月 24 日,在人民群众的帮助下,万象方面驻扎在波乔省会赛县的 104 营部分官兵宣布脱离万象右翼军队,要求万象方面严格履行与老挝爱国战线签订的协议中规定的各项内容。

消息传来,凯山第一时间给投诚官兵发去贺电,称该事件体现了"他们对祖国的美好期望"。

1974 年底,凯山到南部各省视察工作。1975 年 1 月 1 日到达甘蒙省,出席了在诺马腊县召开的甘蒙省委会议。会上,他问与会代表:"夺权准备工作进行到哪一步了?"大家回答说:"一切准备就绪,请中央下达指令。"他赞赏道:"很好。"随后,他发表了讲话,深入阐释了老挝各族人民英勇顽强的斗争传统,以及法昂王、赛塔提腊王、阿努冯王、顾加多、翁乔、贡玛丹、昭法巴斋等君王和革命领袖的斗争运动,称赞他们是民族的优秀楷模,他们的事迹必将彪炳史册。同时,他还花费大量时间阐述了党建问题,重点强调了党内团结统一。他说:"党内越团结,革命力量就越强大,这是一个真理。"

参加完甘蒙省的会议,凯山继续奔赴沙湾拿吉、沙拉湾、色贡、阿速坡等省视察,与地方党委和政府及当地人民座谈,随后回到桑怒。

1975 年,人民斗争运动开展得如火如荼,矛头直指顽固的美帝国主义和反革命势力。其中最突出的运动是巴色城 300 名学生持续 13 天（3 月 1 日至 13 日）的抗议集会,抗议者要求色东省长和第四方面军总指挥辞职,原因是他们武力镇压学生和群众。最著名的一次政治斗争是甘蒙省农波县人民于1975 年 1 月 6 日发起的英勇灵活的斗争①。2 月 21 日,运动从东秋北村开始,指挥小组计划首先占领他曲交通办公室,夺取卡车,将游行队伍送到万象,同色班发桥南部和农波县郊区南部的革命运动遥相呼应。遗憾的是,占领交通办公室的行动失败,游行队伍不得不步行前往农波和他曲,在临近农波时,遭遇了一支封锁道路的右翼军队。在这千钧一发之际,几名女学生挺身而出,走在队伍的前面,敌人不敢开枪,这才化

---

① 据某些资料记载,斗争时间为 1975 年 1 月 4 日至 2 月 21 日。文中所提到的同志参加了 1975 年 1 月 6 日甘蒙省农波县东秋北村的战役。

险为夷。游行队伍经过了很多村庄,吸引了大批民众加入。到了敌军检查站,指挥小组成员之一贡西面见了敌军指挥官雷上尉,递交了人民呼吁和平、要求获得自由权和生存权等9项权利的请愿书。但是雷上尉对群众的呼声无动于衷,要求解散游行队伍,遭到强烈反对。游行队伍继续英勇前进。雷上尉命令封锁道路,威胁说再不停下就要开枪了。游行队伍不屈不挠,继续前行,最后敌军向队伍开枪扫射,领导者之一香赢牺牲,多人受伤。队伍中有一名英勇的年轻人,名叫萨利·赛雅古满,他高呼伪军一定要为死伤的同志付出代价。这起事件激起了农波县民众对敌人的仇恨,他们坚决反击,推翻了敌人的政权和反动统治,建立起人民政权,实际上是一个地方革命团体。在浴血奋战47天后,斗争取得了重大胜利。

农波抗议运动最初是人民的自发斗争,在有了党的领导之后,就变成了有组织的自觉斗争。这是老挝革命的一个历史性标志,在全国掀起一股新的斗争浪潮。凯山在农波视察时,高度评价了这次运动,称其为人民革命英雄主义典范。

农波人民斗争使甘蒙省的革命形势如雨季时湄公河孔帕平险滩的激流一样,呈现不可遏止之势。为了响应这次运动,老挝人民革命党抓住时机在中部各省举办培训班,为人民起义夺权作准备。培训班在沙湾拿吉省解放区举办,由诺哈·冯沙万直接负责。在一次课堂上,诺哈高度评价了农波起义,并以此为例教育广大干部应清楚地认识到难得的机遇和已具备的能力。他说,只要人民紧紧团结在党中央周围,就一定能在全国范围内夺取政权。1975年2月，多个地区和敌方部队甚至包括敌方国防部长都发动了起义，要求恢复国家和平。

老挝爱国战线贯彻老挝人民革命党的路线和政策，制定了灵活的策略，将联合政府引向革命道路。1975年2月5日，临时联合政府和民族政治联合委员会颁布了关于人民民主自由权利的相关规定。老挝人民革命党利用这次宝贵机会，动员和争取各阶层人士，同党的基层组织、政府机构、医院、学校、群众组织、爱国人士、僧侣等，就自由和民主等问题进行了研讨和交流，希望社会各阶层认识到，只有爱国战线才能将老挝从帝国主义和封建主义的统治枷锁中解放出来，为国家赢得独立和自由。通过这次动员，老挝人民革命党为在全国范围内大规模起义夺权的决定性步骤汇聚了多方力量。后来，在党中央重新审视这次动员运动时，凯山评价说："这是在全国各族人民准备夺取决定性胜利时所取得的重大政治思想成果。"

1975年3月，形势依然变幻莫测，军事专家继续密切关注国内形势及印支战场的局势变化，及时向党中央汇报。同时，各地方、部队、警察也定期汇报情况，让中央能及时掌握动向，研究对策。凯山和党中央判断："美帝国主义虽然遭受重创，但依然不甘失败，妄图与其走狗一起，继续阴谋阻挠和推迟《万象协定》及18项政治纲领的执行，企图继续实施其在老挝的新殖民主义，剥削压迫老挝人民，维持老挝被分裂的状态。"凯山和党中央认为，敌人依然负隅顽抗，处心积虑进行反击，阻挠人民起义。这是对当时形势的正确判断。临时联合政府国防部长命令第五军总司令率领两个炮兵营和坦克营,攻打老挝爱国战线位于万象北部的那杨、当顺、南杭、班桑等革命根据地,但都被爱国战线击退。

1975年4月30日之前,各地群众纷纷起义,越来越多的部队宣布脱离万象方面军。老挝爱国战线在万象和琅勃拉邦增派兵力,将城市、农村和山区的战场连成一片。但这并不意味着敌军已经溃败,相反,万象右翼军队仍负隅顽抗,美国国际开发署依然在紧锣密鼓地活动。

临时联合政府中有人开展反对爱国战线的活动,其实也就是反对老挝人民革命党。同时,地方政府中也存在一些顽固的反革命分子,他们不择手段地镇压革命者。

事实上,根据国王的旨意,以培·萨纳尼空为首的万象伪国会应在1974年解散,但由于他们一味地制造混乱,一直到1975年4月10日才最终解散。到1975年4月,万象伪军依然拥有包括各个兵种的77个营和41名将领,官兵人数超过革命力量两倍。[1]

尽管如此,老挝及印支各国革命力量的不断壮大,昭示了万象右翼军队的瓦解。1975年4月17日,柬埔寨军民解放全国。1975年4月30日,越南军民解放全国。凯山认为:"柬埔

---

[1] 虽然临时联合政府建立了,但是军队依然分裂成两派:万象右翼势力和爱国战线,此外还有一部分中立力量。

寨和越南人民取得了完全胜利，反动势力和美帝国主义的走狗已经溃败，美国必将撤军。兄弟国家的胜利为我国革命创造了绝佳的机会。"

柬埔寨和越南全国解放的消息一经传出，万象民众纷纷走上街头，高喊口号，举行游行示威，要求推翻万象右翼反革命政权，要求美国国际开发署停止在老挝的一切活动，美国顾问撤离老挝。这次万象市 20 万民众参加的大规模示威游行，以及 1975 年 5 月 1 日南部巴色和色东地区的人民起义，掀起了全国夺权运动的高潮。

1975 年 5 月 5 日，中央政治局在华潘省万赛县召开会议，评估了当前形势，作出"抓住机遇在全国范围内夺取政权"的决议。在这次重要会议上，凯山表示，当前，我们正处于革命运动的高潮，要尽快把政权夺回到人民手中。在党的领导下，各族人民完全有能力在短期内完成全国范围内的民族民主革命。我们最近取得了多次胜利，革命内部条件已完全成熟，加上柬埔寨和越南革命的胜利，老挝革命力量迅速壮大，国内力量对比明显变化，革命力量占据主动。中央政治局一致肯定了凯山对当前形势作出的判断，呼吁全党、全军和全国人民抓住时机，争取在 1975 年 5 月夺取政权。

5 月 5 日，在中央政治局会议期间，革命力量一举全歼万象伪军第二连。革命力量逐步击退敌军，占领敌人的前沿阵地萨拉普昆。老挝人民解放军乘胜追击，占领了嘎西、南胡、南根、南班、普荣、帕侯、帕当、万荣、万象省北部，以及琅勃拉邦的普帕、普更、究嘎占、香恩等多个重要阵地。

形势瞬息万变。5月7日夜间，中央政治局召开紧急会议，命令全国各地迅速集结部队进攻重要城市的敌占区，如遇抵抗，坚决打击。革命军队如闪电般从万象、沙湾拿吉、巴色等各个方向迅速发起进攻，一些部队行军数百公里，按时抵达目的地。由于准备充分，老挝人民的夺权运动如风暴般席卷全国，敌军惊慌失措，溃不成军，许多部队向革命军缴械投降，与人民一起夺取政权。然而，在革命力量和全国人民掀起夺权高潮时，右翼势力富米集团、培·萨纳尼空集团及王宝部队依然负隅顽抗。面对以上情况，凯山和中央政治局命令特种部队设法摧毁这些团伙，防止几股力量沆瀣一气阻挠革命。临时联合政府和政治联合委员会之间的和平谈判与军事斗争同时激烈进行。革命力量和人民群众基本占领了各大城市和战略要地。

5月9日，1.2万人在万象举行大规模游行活动，要求取缔美国国际开发署，解散特种部队，摘下美国国旗，要求美国停止对老挝的一切干涉。事实证明，人民的力量是无穷的！万象人民及全国人民的起义，革命军队的起义，万象右翼军队中投诚官兵的起义，以不同形式遥相呼应，最终成功将政权夺回到人民手中。军事打击与政治斗争相结合的正确政策取得了巨大成效。5月10日，万象方面大批亲美右翼官员逃往国外寻求政治避难，包括国防部长西苏·纳占巴塞、财政部长昂·萨纳尼空、军队副总司令库布拉西·阿派等。5月11日，

培·萨纳尼空、文翁·纳占巴色等万象右翼反动头目和宪兵
队长乌敦·萨纳尼空、特务办主任坎户、军队副参谋长艾登、
高级军官学院院长希拉·富马冯、军队指挥官阿·萨庞通等
将领纷纷逃往湄公河对岸的泰国，抛下一群惊慌失措的官兵，
不知何去何从。这种状况是万象右翼势力前所未有的，尤其
是匪军头目王宝曾扬言要战斗到最后一刻，至死方休，但最后
依然由于贪生怕死，无法抵抗革命红色风暴的力量，于 1975
年 5 月 15 日仓惶逃跑。虽然美国情报部门妄图将王宝特种
部队作为最后的底牌，但终究无法挽回其惨败的结局。

　　政治斗争也在如火如荼地开展，琅勃拉邦、万象市和巴散
县数以万计的群众发起暴风骤雨般的起义，要求美帝国主义
和右翼反动派撤军，遵守临时政府的 18 项政治纲领。这次起
义运动进一步削弱了敌对势力的力量，万象方面电台驻各地
分台开始宣传爱国战线决议精神，革命力量的起义真正成为
人民的盛会。

　　凯山密切关注各部队各地区的消息，以根据实际情况领
导革命。他与各地部队保持电报联系，听取情况汇报，发布必
要的命令。通信部门不分昼夜地工作，苏发努冯、诺哈·冯沙
万、坎代·西潘敦等党和爱国战线领导人，除了指挥工作以
外，还直接掌握情报，对重要部门进行指导。

　　5 月 15 日，凯山致电中央委员会分管领导及各省党委：
"要牢牢把握并充分利用三个战略武器，其中，新时期的人民
起义日益成为决定因素，军事进攻也至关重要。只有充分运

用好以上两个武器,才能为第三个武器即动员万象伪军起义
创造条件。"①

由此可以清晰地看到,凯山和中央政治局已将人民群众
的政治斗争放在第一位,其次是革命武装力量,接下来是动员
万象右翼军队起义。历史证明,凯山和中央政治局的领导是十
分正确和英明的。

凯山还提醒各级党委:"反对派被驱逐出临时联合政府
后,临时联合政府中就只剩下了进步力量,这对爱国战线有
利。我们一定要发挥好临时联合政府的作用,支持人民斗争
运动,斗争的方法也应灵活机动。"善于利用临时联合政府支
持革命力量,体现了凯山高超的领导艺术。

凯山和中央政治局的指示逐渐转化为全党全军和全国人
民的实践,通过爱国战线的声明及报纸、电台的宣传等不同形
式进一步细化。

革命力量的夺权运动每一天、每一分、每一秒都在不断取
得胜利。5月15日至31日,老挝人民解放军陆续占领多个城
镇。15日,占领第四方面军的中心城镇巴色。16日,占领桑
通。18日,占领王宝特种部队即第二方面军的据点龙镇。19
日,占领他曲。21日,占领第三方面军的中心城镇沙湾拿吉。
24日,革命军队进驻万象市。27日,占领了万象市的所有战
略要地。美国驻老挝代表约见临时联合政府并签署了重要文

---

① 此封电报现存于凯山纪念馆。

件,主要包括七点内容,其中明确规定,美国在 1975 年 5 月 31 日之前将美国国际开发署及所有美国和亲美外国官员撤离老挝,将交通工具和资产设备移交老挝政府管理。5 月 27 日至 31 日,美国人及亲美派失魂落魄地迅速撤离了老挝,其部队通过海陆空三路撤入泰国。这是历史上美国在老挝最大规模的撤离。5 月 31 日,美国撤退之前,在万象 13 号公路南段 6 公里处的办事处遗留了大量的文件,遗憾的是,大部分都被革命军销毁了。

万象方面部队不断分裂,官兵纷纷起义,加入人民队伍。5 月 7 日至 31 日,起义部队达到 28 个营。这清楚地表明,敌人的政权和军队濒临瓦解。

凯山和中央政治局密切关注时局,凯山前往巴色和南部一些省份视察,同时,坎代·西潘敦奔赴万象,苏发努冯和富米·冯维希此前已先行抵达。

6 月 7 日至 8 日,中央政治局召开为期两天的会议,作出"消灭敌人的政权和军队,在全国范围内建立革命政权和革命武装力量"的决议。

凯山明确提出夺权步骤,同时强调要把权力归还给人民。他表示,首先要在大城市尤其是右翼反动势力集中的地方发动人民政治斗争运动,利用当地人民和解放区人民的力量,结合革命武装力量的施压,以及万象右翼部队的投诚,在全国范围内发动起义。夺取敌占区,壮大革命力量,占领各大城镇要塞,主动将敌军压制在其据点,加上临时联合政府的协助,削弱敌人的军队、警察、宪兵等力量,坚决粉碎各级反动政权,建立人民革命政权。在基本完成各省市(包括中立城镇)的夺权后,应召开全国人民代表大会,取缔中央联合政权的机构,废除过时的君主制,建立老挝人民民主共和国。

各级党委和党员坚决贯彻中央政治局关于夺取政权的决议,领导人民起义夺权,所到之处,均建立起革命政权。6月17日,波里坎赛省建立革命政权;6月20日,川圹省彻底解放;7月3日,占巴塞省人民举行大型集会,宣布已消灭敌人政权,建立起革命政权;8月初,沙耶武里省人民在全省范围内完成各级革命政权的建立;8月23日,万象20多万民众在塔銮广场举行集会,宣布建立革命政权。这些事件标志着解放运动在全国范围内的最终胜利。

1975年8月底,革命政权在15个省、4个大城市(万象、琅勃拉邦、沙湾拿吉和巴色)和69个大小城镇建立。① 凯山表示:"到1975年8月,万象方面在全国范围内从省级到基层的所有统治机构和军队,包括在万象和琅勃拉邦两个中立城市的全部势力,都将被彻底铲除。"

尽管如此,革命还有许多工作要做。凯山和党中央集中力量解决最迫切的问题,同时为实现长期目标创造条件。当前最突出的问题是,党要继续高举民族团结和睦的旗帜,消除

---

①1975年8月前共有69个县,之后在67个县建立了政权,其中隶属于巴莱省的孟瓦县和磨丁县以地方联合政府的形式存在。

民族仇恨。同时,将31名对国家和人民犯下滔天罪行后逃窜他国的反动分子通过革命法庭进行缺席审判。祖国大家庭的成员将共同生活在这个236 800平方公里的统一国度里。

10月,党中央召开会议,总结全国起义夺权的成功经验,讨论并制定了保卫和建设老挝人民民主共和国新政权的方针政策。

还有一个需要认真研究的问题,即如何处理临时联合政府。凯山表示,虽然联合政府制定了和平、中立、民族团结的纲领,也吸收了许多党员和革命者,但是它的本质依然是官僚主义政权,与美国有着千丝万缕的联系。老挝人民革命党党员参与其中,是出于战术的需要。当时这种做法有利于分化敌人的队伍,孤立顽固的反动头目,争取中立力量,将合法斗争与各种形式的斗争相配合。现在,革命已经取得基本胜利,党的主要任务是取缔所谓联合组织,而不是举行"交接"仪式。对于在万象旧政权机构中工作的爱国进步人士,革命政府随时欢迎他们在新的工作岗位上施展才华,实现抱负。

凯山表示:"摧毁万象方面的政府机构,绝不是消灭在那儿工作的人,而应采取坚持原则又不失温和的方法灵活处理,这是党从我国特殊国情出发所采取的正确路线。"中央政治局一致同意凯山的意见。为了让革命政权真正属于人民,党出台政策,动员人民群众共同研究新政权的建设工作。本着真正的民主精神,选举产生了人民议会和各级政府。这项工作一直持续到11月才完成。

11 月 25 日，根据党中央的布署，民族政治联合委员会和临时联合政府在华潘省万赛召开会议，民族政治联合委员会主席苏发努冯主持会议。会上，苏发努冯作了关于国内形势和国家未来建设的报告。会议一致同意彻底推翻过时的君主制，建立人民民主共和制度，带领老挝迈向独立、民主、统一、繁荣和社会进步的道路。会议委派苏发努冯和富米·冯维希前往琅勃拉邦觐见西萨旺·瓦塔纳国王，就会议决议交换意见。

苏发努冯和富米·冯维希到达琅勃拉邦王宫后，与西萨旺·瓦塔纳国王讨论老挝形势，呼吁国王退位，成为祖国的良好公民。西萨旺·瓦塔纳国王深知历史的车轮无法阻挡，同意退位。退位诏书于 1975 年 11 月 29 日签署，由冯沙旺王子带到万象，交给即将召开的全国人民代表大会。

凯山认为，历史的车轮滚滚向前，西萨旺·瓦塔纳国王的退位是必然的。在民族政治联合委员会会议召开及西萨旺·瓦塔纳国王退位以后，凯山和中央政治局决定召开全国人民代表大会。

全国人民代表大会于 1975 年 12 月 1 日在万象召开，为期两天，与会代表共 264 人[1]，代表各民族、阶层、宗教、群众组织、知识分子及爱国战线武装力量。此外，老挝人民革命党和

---

[1] 据文件记载，有 264 位代表，我们根据《老挝人民革命党党史》整理了这 264 位代表的信息。

爱国战线的领导人也出席了此次会议。

会上，凯山作了政治报告。报告指出，各族人民坚持团结一致英勇抗击帝国主义侵略的光荣传统换来了今天的胜利。报告还总结了夺取战争胜利的因素，"这是因为我国人民强烈的爱国主义情怀、英勇顽强的斗争精神、团结一致不屈不挠的民族传统"，"因为斗争时期有老挝人民革命党正确而富有创造性的路线、政策和策略指导，有党中央智慧英明的领导。在为了国家和各族人民的解放而进行革命斗争的整个时期，我党一直教育、动员和组织领导人民进行革命斗争，从低到高，由易到难，各个击破，逐步夺取胜利，直到取得完全胜利"。这是"多年来建设解放区民主制度，建设全国革命的坚实基础和大后方所取得的胜利"。此外，老挝革命的胜利，还源于老挝、越南和柬埔寨人民 30 年来的同仇敌忾、并肩作战、敢于胜利，共同谱写了辉煌而英勇的历史华章。同时，老挝的胜利，也离不开各社会主义兄弟国家尤其是越南、中国和苏联，以及包括美国在内的世界各国人民和进步人士所提供的强大而宝贵的支持。

凯山宣布："老挝民族民主革命结束了！"老挝人民将继续沿着社会主义道路稳步前进，巩固完善人民民主制度，逐步创造迈向社会主义的基本条件，将老挝建设成和平、独立、民主、统一、繁荣的国家，给各族人民带来真正的幸福！

为了实现以上目标，"最重要的问题是我国人民应巩固从中央到地方的政权"。凯山指出，民族政治联合委员会和临时联合政府已经没有继续存在的必要了。1975 年 12 月 1 日上午,苏发努冯亲王和富马亲王代表民族政治联合委员会和临时联合政府,宣布解散以上组织,为建立新的国家政权机构创造条件。

凯山表示,新时期国内革命的发展方向是沿着和平、独立、民主、统一、繁荣、社会进步的道路建设国家。凯山呼吁国内外团结一致,消除仇恨,齐心协力建设、保卫美好的新制度和亲爱的祖国。他坚信人民群众团结奋斗和勇于创新的伟大力量,也坚信老挝人民革命党必将掌好国家巨轮之舵,乘风破浪,取得更辉煌的胜利。

在全国人民代表大会上,冯沙旺王子代表国王宣读了退位诏书。会议一致同意国王退位、临时联合政府首相和民族政治联合委员会主席辞职。会议通过决议,决定建立老挝人民民主共和国,推翻君主制;将革命旗帜作为国旗;修改国歌歌词,保留原旋律;将老挝语作为官方语言,不再使用宫廷用语。

会议任命苏发努冯担任国家主席和最高人民议会主席,前国王西萨旺·瓦塔纳担任主席顾问,凯山·丰威汉担任总理,诺哈·冯沙万、富米·冯维希、坎代·西潘敦、奔·西巴色担任副总理,梭发那·富马担任总理顾问。

老挝人民民主共和国的成立,是一个巨大的胜利。这个胜利,是从法昂王至今老挝各族人民保卫和建设祖国的历史里程碑,标志着老挝各族人民的政治生活迈向独立、自由、和平、进步的新纪元。

当我们回顾凯山在抗击新旧殖民主义的救国斗争中所发挥的作用时,就能充分认识到他高尚的品德,了解他善于依靠政治局和中央委员会的集体智慧,以及全党全军和全国人民的力量,开展英勇顽强的斗争,虽然历经艰难曲折,却书写了彪炳史册的辉煌篇章。

凯山的政治和军事领导才能在长期的斗争中得到充分体现,坎代·西潘敦在《凯山·丰威汉同志与老挝人民军的发展壮大和抗战胜利历程》一文中对此作了深刻的分析。①

坎代·西潘敦写道:"凯山·丰威汉同志的军事指导思想体现在,创造性地将坚持武装斗争与政治斗争、外交斗争和法律斗争紧密结合,将国家的综合实力与时代的力量结合。世界上的任何一个人,无论多么有才能,都无法仅凭一己之力决定历史的发展方向。但是,个人可以在历史中发挥重要的作用。历史属于人民,人民是历史的创造者,也是英雄的创造者。只有将个人融入革命运动的浪潮中,才能成就大智大勇的领导者。由此可见,历史如同湍急的河流,谁懂得顺势而为,谁就能创造历史的奇迹。凯山·丰威汉同志就是这样一位顺历史潮流前进的英明领袖,他与领导集体一起,创造时机,领导革命运动夺取胜利,为创造老挝辉煌的历史作出了重大贡献。"

---

① 老挝社会科学委员会. 凯山·丰威汉——人民的儿子. 万象：潘努德占出版社, 1991：63—77.

第五章

领导保卫和建设国家（1975—1992）

领导保卫和建设国家初期

这一时期,老挝已实现了国家统一、主权独立和领土完整。老挝人民革命党总书记凯山·丰威汉创立了关于保卫和发展国家的新思想。

凯山和老挝党中央认为,老挝当时面临的问题正如一个人大病初愈(指战争刚结束),虽然已经独立,却远没有恢复元气。美帝国主义及其走狗已经溃败,旧的制度也被推翻,但旧制度的残余仍然存在,强盗们隐匿在丛林深处,伺机卷土重来,妄图破坏革命成果。他们过去曾经占领了部分据点,包括老挝北部南塔省的万普卡、那勒,琅勃拉邦省的究嘎占、萨拉普坤,川圹省的比亚山,中部万象省的普帕,甘蒙省的帕考、欣本、农波,南部沙湾拿吉省的普桑海、董西团,占巴塞省的普刚恒等。他们还成立了秘密行动队,在平原地区和各大城市边界制造动乱。他们还不时铤而走险潜入城市,想方设法拉拢前国王,妄图利用前国王和王室势力,使旧制度死灰复燃。每天都有拦路抢劫、设立埋伏、枪杀干部和群众、袭击车队、破坏武器仓库等恶性事件发生。他们还在政治上大肆污蔑老挝建立的新制度——人民民主制度,妄图煽动和蛊惑青年、知识分子、旧政府公务人员与他们沆瀣一气反对革命。

党中央在准确评估形势的基础上,明确了当时革命的任务是"保卫和建设国家"。有人提出,既然国家已经实现和平,为什么还要将保卫国家置于建设国家之前呢?凯山表示,基于老挝革命的特点,尽管反动派已经溃败,但这并不意味着他们甘愿就此放弃反革命阴谋。因此,夺取政权后,必须大力巩固无产阶级专政,武装革命力量,提高警惕,时刻准备好粉碎敌人的各种阴谋破坏行径。只有这样,才能确保革命在和平时期得以继续发展。

在保卫国家的同时,凯山制定了发展建设国家的新纲领,要求发展战后经济和文化,重视农林业和交通业的发展,不断改善民生。他还抽出大量的宝贵时间,赴全国各地考察,了解情况。

在抵达老挝南部占巴塞省萨那宋奔县后,凯山沿路访问了大撒罗村、小撒罗村等部分村庄。同青少年见面时,他亲切询问他们的学习情况。会见妇女代表时,他详细了解纺纱织布情况。慰问老人时，他关切地询问老人家有没有使用保健药品。对于他的提问，有人能答得上来，也有人答不上来。同地方政府官员会面时，他详细地一一询问教育、卫生、民生等情况，如有官员答不上，他便当即表示，身为一方官员，却让百姓忍饥挨饿，这是对党和人民不负责任！抵达甘吉亚村时，他在路上遇到一位普通群众，就询问他的月收入情况。那位群众回答道："感谢党和政府的政策，我通过生产经营创收，现在每个月收入超过 10 万基普。"凯山幽默地说："那你比总理还强。"大家听后哈哈大笑。

凯山深入了解中部省份和首都万象市的情况，并就农业、林木采伐加工、交通运输、邮电、建筑、文化、教育等工作作出指示。他说，如果没有详细地了解地方情况，就不可能制定出正确的路线方针政策。他还表示，教育事业事关国家的前途命运，是一切工作的出发点。因此，国家一解放，他便着手改造旧制度的教育体系，出台文件要求继续办学，确保每个乡镇至少有一所中学，建立起从中专到大学的职业教育体系。国家解放后不久，老挝党和政府即开展了针对各族人民群众的扫盲和文化补习运动，出台政策支持山区文化建设，致力于将新文化的曙光带到偏远地区。他还要求选拔成绩优异、勤奋好学的普通劳动人民子女到国外留学。

凯山以其独特的战略眼光证明了教育在革命事业中的地位和作用，沙曼·维亚吉在《凯山·丰威汉同志与教育事业的发展》一文中也提到了这一点。

　　1978 年 12 月,老挝人民革命党中央政治局召开会议,讨论并出台了关于新的革命时期教育工作的决议。会上,凯山深入分析了国家完全解放三年来经济、社会、文化等各领域发展的实际情况。

　　他表示,老挝全国文盲人口仍占总人口的 60%,缺乏具备一定水平的科技人才和经济社会文化领域的管理人才①。因此,教育先行意味着必须争取三项任务同步推进,一是扫除文盲,提高劳动人民的文化、科技水平;二是将青年一代培养成党和人民革命事业的接班人;三是培养熟练的工人队伍,培养对党、国家和革命忠诚的技术干部和经济、文化管理干部②。比方说,科技就像一个安了锁的柜子,要打开柜子,就必须有钥匙。这个钥匙指的就是教育。他呼吁全党和全国人民一道,以坚定的决心和意志推动教育先行一步。他在讲话中表示:"任何一个社会要存在下去,都必须心系教育发展,全力重视教育工作,培养与社会相适应的人才。"③凯山将教育问题视为"人类的战略中心"。这项工作做好了,就能为培育智慧创造条件,为社会带来精神和物质财富,为经济发展奠定坚实基

---

① 沙曼·维亚吉. 凯山·丰威汉同志和外交事业 // 老挝社会科学委员会. 凯山·丰威汉——人民的儿子. 万象: 潘努德占出版社, 1991: 97.

② 奔·西巴色. 凯山·丰威汉主席和外交事业 // 老挝社会科学委员会. 凯山·丰威汉——人民的儿子. 万象: 潘努德占出版社, 1991: 78—92.

③ 奔·西巴色. 凯山·丰威汉主席和外交事业 // 老挝社会科学委员会. 凯山·丰威汉——人民的儿子. 万象: 潘努德占出版社, 1991: 78—92.

础,同时保障国防治安工作。

　　凯山始终心系教师队伍,将教学工作视为一项光荣的事业,一种需要奉献智慧培养人力资源的劳动。他把教师视为"党的干部"。他认为,要想建设一支教学一流的教师队伍,就必须出台合理的、有针对性的政策。要想提高教育质量,就必须对教育领域进行合理投入。

　　老挝解放初期,凯山曾以中央委员会总书记和政府代表团团长的身份出访国外,扩大对外交往。他访问了越南、柬埔寨、中国、苏联等国,出席了一些兄弟党的代表大会和国际会议。他曾表示,"斗争取得胜利后,要去拜访拜访我们的朋友,感谢他们曾经的帮助"。据一位外国专家回忆,凯山十分欣赏胡志明主席的一句名言:"国力是锣面,外交是锣声,锣面越大,锣声就越响亮。"他在访问越南时曾引用过胡志明主席的这句名言。

　　在保卫和建设国家时期,凯山重视与兄弟和伙伴国家的和平、友好与合作。他很好地把握了老挝的情况,以周边国家为首要,尽管老挝是个小国,没有与大国相邻的出海口,经济欠发达,但仍能在世界局势复杂变化的背景下生存下来并确保稳定,一个重要原因是得益于制定了顺应世界发展潮流的外交政策,懂得区分敌友,懂得在国际上争取朋友的支持。

　　老挝人民革命党和老挝政府的外交史准确而清晰地记载了老挝与其他国家,特别是与越南的密切交往。由于懂得交友和争取支持,老挝的朋友越来越多。

关于印度支那问题的国际会议于 1954 年 4 月 26 日在瑞士召开，关于老挝问题的会议于 1961 年 5 月 16 日召开，1973 年 2 月 21 日在老挝签署了《关于在老挝恢复和平与实现民族和睦的万象协定》。这些都证明了老挝爱国战线（现称建国阵线）的外交路线取得了重大胜利。

凯山制定了极为温和、灵活的外交策略，在 1975 年 12 月老挝人民民主共和国成立之日颁布的老挝政府行动纲领中，充分体现了这一点。其中一段是这样表述的："建立、加强和巩固老挝与世界各国的友好关系。在和平共处五项原则基础上，发展同不同政治制度国家的外交关系和正常贸易往来，寻求各国政府和人民的理解与支持，帮助老挝政府和人民修复战争创伤，恢复经济文化发展，改善各族人民群众生活。"

1976 年，凯山指出，老挝外交事业取得了一系列成果，"在党和国家独立自主的外交路线下，国际关系得到维护、巩固和发展，为我们执行保卫和建设发展国家事业创造了新的机遇和条件，作出了积极贡献"。[①]

得益于正确的外交政策，老挝在当时争取到了大量国际支持，老挝人民民主共和国成立后，多位外国元先后首访问老挝。

在凯山的领导下，老挝与东盟各国建立了长期良好关系。

[①] 奔·西巳色. 凯山·丰威汉主席和外交事业 // 老挝社会科学委员会. 凯山·丰威汉——人民的儿子. 万象：潘努德占出版社，1991：78—92.

为致力于将东南亚建成和平、稳定、合作的地区,他表示:"对于东盟各国,我们的政策始终不变,即印度支那与东盟和平共处,睦邻友好,共同协商,和平解决有关问题。"

凯山在外交工作方面经常有新思路。他表示,外交工作的灵魂是政治、经济和文化交往,很重要的一点是,必须争取外国投资,引进先进技术,为老挝的经济社会革新事业服务。他一向将外交工作作为老挝与世界各国发展长期友好合作关系的基础。

凯山的外交思想是和平的外交思想,这一思想首先体现为边境和平。他说,争取边境地区没有枪声,这是我们的目标。要推动老挝与周边国家边境安全得到巩固,成为长期友好的边境。

党和国家外交工作负责人奔·西巴色表示,"凯山·丰威汉同志是一位富于创新,对国际问题高瞻远瞩的领导人,为老挝外交工作取得胜利指明了方向"。①

除了重视外交工作以外,凯山还十分重视国内事务,始终将巩固各族人民的团结作为党的一项重要政策。积极推动中央和各地方召开统一战线大会。1979 年 2 月 16 日至 20 日,爱国战线大会在万象市召开,会议决定将爱国战线更名为建国阵线,同各阶层、各民族、宗教团体和群众组织一道,紧密团

---

① 奔·西巴色.凯山·丰威汉主席和外交事业//老挝社会科学委员会.凯山·丰威汉——人民的儿子.万象:潘努德占出版社,1991:87.

结在一起,齐心协力保卫和建设繁荣富强的国家。

凯山·丰威汉的重要论著

国家实现完全独立后,凯山倾注大量精力,研究并撰写论著《老挝革命的若干主要经验和新方针的相关问题》。上述论著中的有关思想萌芽于1977年,但由于忙于党和国家各项事务,直至1978年才最终完稿,并于1979年3月出版。该论著受到国内外高度评价,主要阐述了以下几个问题:

第一个问题:凯山总结经验认为,老挝民族民主革命面临两大任务,即驱逐殖民侵略者,以及推翻他们所依附的反动阶级。此外,要动员和培养一支民族力量,就必须解决劳动人民的基本民主需求。因此,民族解放革命必定涵盖了民主的内容。老挝的民族民主革命,始终与阶级问题密切相关,以工人阶级为主导,将民族革命和全民大团结相结合,无产阶级国际主义与时代力量相结合,具有革命性和科学性,这是带领老挝民族民主革命走向胜利的一个原因。老挝仍是一个农民占绝大多数的农业国。因此,"提到民主,最根本的问题就是将民主带给劳动人民,提到民族解放,最根本的问题就是解放农民"。根据凯山的分析,老挝的民主革命任务包括两大内容,即进行民主改革,消除封建剥削,以及发展生产,全面解决民生问题。

第二个问题:在党的领导下建立坚强稳固的工农联盟,这是老挝民主革命的战略原则。

老挝的工人阶级大多来自农民,因此,工农联盟对于革命进程有着十分客观必要的意义。实践证明,正因为坚决依靠工农联盟力量,才能争取到民族首领、部落领袖和上层人士支持革命,才能动员他们放弃对农民的压迫和剥削。这是在老挝这样弱小的殖民地国家开展革命的特点。

第三个问题:在工农联盟基础上建立真正的民族统一战线。党的领导,是民族生死存亡的决定性因素。凯山在著作中得出一个结论:由于高举民族民主的旗帜,推出党制定的和平、中立、独立、民主、统一、繁荣的口号,吸引了各阶层人民群众加入斗争,从革命力量同中立力量的行动联合开始(最初没有组织联合),进入组织联合,这是争取和团结一切可以团结的力量加入民族统一战线的政策迈出的一大步。再由政治联合上升到军事联合,相当于又迈上了一个台阶。因此,军事联合是老挝采取的一种特殊形式,在其他国家比较罕见。联合的形式取决于一方或多方不同的政治力量,它们有着不同的阶级本质,但都在革命时代共同存在,能够吸引对方的军队与革命军队联合,坚持军队为人民服务的方针,保持各方独立,坚持一致的联合目标,即为民族独立和人民群众的利益而斗争。凯山将其总结为政治力量之间开展军事联合的经验,体现了老挝革命战争的特点。

第四个问题:要牢牢把握暴力革命的观点,将人民政治力量和人民武装力量两大力量紧密结合,武装斗争与政治斗争两种斗争形式相结合，克敌制胜。这是老挝革命的主要问题。凯山分析认为，老挝民族民主革命的特点在于，这一革命已成为热爱国家、追求进步的人民群众的事业。因此，老挝的革命力量，即人民力量，体现为两种形式，即政治斗争和武装斗争，以及上述两种斗争的结合。两种力量，即人民政治力量和人民武装力量，是上述两种斗争形式的基础。

第五个问题：人民政治力量和人民武装力量的武装斗争与政治斗争相结合，是老挝民族民主革命的基本革命方式。但革命是长期曲折的斗争过程，这种曲折性决定了有时需要使用有原则的迂回策略来对付敌人，这种迂回的策略是老挝革命的原则，突出表现为通过会晤谈判签署民族团结协议、多次建立联合政府等斗争形式，比如爱国战线曾三次历经曲折参与组建联合政府，这是老挝革命的特点。经验来自实践，革命力量不仅没有被敌人消灭，反而在全国发展壮大，人民群众的政治斗争运动日益蓬勃开展，规模不断扩大，爱国战线的影响力在国内外不断提升。因此，迂回旨在推动革命壮大，是有原则的、符合客观必要的迂回。

第六个问题：老挝革命从白手起家到力量不断壮大，从低到高，由小到大，要求党必须有领导策略和艺术，懂得创造机会、把握机会，发挥革命力量的合力，懂得天时地利、把握重要节点。最终革命军民粉碎了反动派的权力机器，争取了完全胜利，推动革命坚定向前发展。

凯山认为，老挝革命实践证明，有了力量，才能创造机遇；

有了机遇,才能加强力量和创造新的机遇。因此,机遇就是
力量。

第七个问题:在革命时期,要懂得将高涨的爱国热情与纯
洁的无产阶级国际主义正确结合。老挝革命是印度支那三国
革命和世界革命的一部分。印度支那三国的团结联合,是各
国革命的坚强后盾,是确保各国革命胜利的一个根本条件。
因此,老挝人民革命党的外交路线是必须重视巩固和加强老
挝革命力量与越南革命力量的团结联合。老越加强特殊团
结,推动两国形势日益稳定。

第八个问题:加强党的领导,是革命取得一切胜利的决定
因素。党是各族人民的爱国运动、工人运动同胡志明同志传
播到印支三国的马列主义相结合的产物,党激发了各族人民
热爱祖国、热爱家园、热爱自由生活的热情,推动他们奋起斗
争,保家卫国。为建设坚强有力的党,不辜负群众的信任,党
必须重视教育培养锻炼党员队伍,加强党的阶级观、先锋性和
斗争性,促进党内团结统一,确保政治、思想和组织完全统一,
不断开展批评与自我批评,建立党员干部之间的团结友爱情
谊,密切联系群众,执行党的根本原则——民主集中制,在独
立自主的基础上加强国际交往。

上述问题是在党的领导下,各族人民经过 30 年英勇不屈
的斗争实践总结得出的宝贵经验,凯山在《老挝革命的若干主
要经验和新方针的相关问题》一书中进行了阐述。这些经验,
不论对于过去,还是对于当前和今后,都是弥足珍贵和十分有

益的。

老挝人民革命党三大

　　1978 年至 1980 年间,凯山和党中央边摸索总结,边指导实践,主要聚焦恢复经济社会发展。在 1979 年召开的党的二届七中全会上,凯山向党中央首次提出关于由自然和半自然经济向商品经济转变的路线。此后,老挝经济各项指标取得新进展,工农业产品日益增多,特别是南俄湖二期水电站项目装机容量由过去的 3 万千瓦提升至 11 万千瓦,大大提高了生产效率。

　　五年来,在领导保卫和建设国家的实践中,凯山和党中央不断回顾、思考和总结经验。1980 年 12 月,在党的中央扩大会议上,凯山在中央总结报告中指出,三年(1978—1980)来,我们很好地落实了经济社会发展任务和基本目标,群众生活恢复正常,基本解决粮食问题。但同时也面临一些问题和不足,主要表现在基层建设和财经管理方面。通过总结经验,上述问题在第一个经济社会发展五年计划(1981—1985)期间得到解决。特别是关于基层工作问题,凯山在 1980 年 6 月召开的中央政治局会议上要求各地方、各部门务必重视将下基层工作与以下三方面工作紧密结合,一是帮助群众发展生产,改善物质和精神生活;二是确保群众生命安全;三是在基层发现和培养政治骨干,消灭敌人,决不让敌人潜伏在群众之中。尽管如此,基层工作仍存在不足和不全面之处。1980年12月召开的党的中央扩大会议本着高度负责的精神研究了上述问题。可以说,党的成功经验之一,就是将下基层工作作为一项中心工作和重点任务。直至今天,党仍在坚持抓好这项工作。

根据党章规定,1976年应召开新一届党的全国代表大会。考虑到新的制度刚刚确立,工作千头万绪,新一轮机构调整正在进行,党中央决定将原定于1976年召开的党代会延期几年,直至各项工作步入正轨,党中央才决定召开党的三大。

为了筹备一份高质量的、能够准确反映老挝社会状况的政治报告,凯山抽出不少时间,赴全国各地考察和调研,凯山访问了老挝北部、中部和南部若干省份。在北部琅勃拉邦省,他走访了帕尼村的苗族军人。他向地方干部表示,想同群众直接见面,以不打招呼的形式拜访每一户家庭。通过这次走访,他了解到该村很多群众是由外地迁入定居的。他强调:"村民心里最清楚,正是因为这片土地好,他们才搬到这里谋生。地方领导的责任就是为当地群众创造安定的环境。"他还要求领导干部为群众寻找良田供其耕种,表示决不能让群众放弃肥沃的土壤,跑去贫瘠的土地上生活。

在阿速坡省,凯山考察了山地和森林。在返回省政府的路上,他沿途慰问了各族群众。关于阿速坡省的发展之道,凯山表示:"过去很多人都说,阿速坡是一个自然资源匮乏的贫穷省份。但事实并非如此,阿速坡有大量的珍贵林木和各种珍稀矿产,关键是要制订森林勘察和矿产开发计划。我注意到,大多数群众仍在使用原始的刀耕火种的生产劳动方式。要逐步加大机械化生产,解放劳动力,比如购买十几二十台碾米机也不是问题。基于阿速坡省的这些特点,应重视大力推动农民发展家庭经济。"

他还表示:"在社会文化方面,我了解到,群众十分拥护和赞赏党和政府的扫盲政策,很多群众学会了识字,这很好,但要防止返盲。特别是一些村仍固守落后的风俗习惯,省政府应采取措施逐步解决。省内有 11 个民族,党应予以特别重视,各民族应团结友爱,文化水平高的民族要帮助文化水平低的民族,不应出现以大欺小、恃强凌弱的现象。要加强团结,包括党内团结、群众团结,加强阿速坡省与越南边境接壤省份的国际团结。"

他希望今后阿速坡省能够修建通往色贡省的公路,成为连接万象市和其他省份便利的交通要道,还要修建由阿速坡省到越南各省的道路,加强两国贸易联系。阿速坡省政府领导同志表示,凯山提出的建议切合实际,令人深受启发。

在阿速坡省期间,凯山还抽空慰问了萨马克赛县色加满村的群众。早在 1958 年,他就曾因参加议会补选在当地进行宣传推介。乘船抵达色加满村后,他爬上又高又陡的河堤,注意到水位很低,但色加满的地势却很高,加上坡陡地滑,回头正好看见一位教师费力地爬上堤坝。他于心不忍地表示,不应让群众的通勤如此艰难,建议地方政府修建台阶,确保群众顺利通行。地方政府迅速落实了他的指示。

在访问因提村和台村时,他表扬了这两个村的生产生活方式。他表示,在大家的团结协作下,村民们的物质和精神生活均得到了改善。建议他们总结经验,作为宣传典型推广到全国各地。

经过一段时间的筹备,党的第三次全国代表大会于1982年4月27日在万象市召开,代表全国3.5万名党员的288名正式代表出席会议。

凯山致开幕词并宣布大会召开,他宣读了政治报告,诺哈·冯沙万就经济社会发展第一个五年计划(1981—1985)的路线和任务作报告,西宋蓬·洛万赛就党章修改作报告。在政治报告中,凯山就老挝人民革命党二大以来的形势变化、革命成果进行总结,包括开展反帝国主义侵略斗争并取得完全胜利和国家独立、战后保卫和建设国家、国际关系、党的建设和干部队伍建设等问题。凯山指出,国家已经实现解放,我们党把恢复和发展农业、改善群众生活水平作为优先任务,并致力于解决粮食问题。由于运行了合理的投资机制,建立了若干粮食生产基地、工业林种植基地、养殖中心和生产区,同时实行定耕定居,到1980年,我们基本解决了粮食和日用品问题,工业发展实现了新突破。国防治安工作得到保障,党的建设和干部队伍建设工作不断巩固和发展。凯山指出,老挝革命的优势是有先进的政治制度,各族人民群众真正当家作主,老挝自然资源丰富,但同时面临经济欠发达等问题。这就要求党必须加强调查研究,寻求推动经济有效发展的途径。当前,世界科技革命日新月异,我们要把握和利用好科技成果,致力于推动国家发展。

凯山强调,向社会主义过渡是老挝革命的必由之路。为满足各族人民群众巩固和平、确保国家独立自主和建设美好富裕新生活等愿望,党的一项重要工作就是组织和确保各族人民群众团结一致,行使作为国家和社会主人翁的权利,建设和平、独立、民主、统一、繁荣的老挝。党坚持和平、独立、友好、自主的外交路线。凯山还强调从政治、思想、组织三方面建设坚强的党。党的建设要与群众运动相结合,要与政府机构改革和群众组织机构改革相结合,要与提升党员干部政治素养相结合,吸收符合条件的人加入党组织,将不符合条件的人清除出党。

大会秘书处波西·扎伦苏表示,凯山所作的政治报告在大会上得到高度评价,获得一致通过。

大会选举凯山等担任党的中央委员,新一届中央委员会选举凯山担任党的总书记。

党的三大召开后,凯山着手进一步开展革命组织机构改革。根据凯山的党建思想,党的建设要始终与机构改革相结合。只有组织机构坚强有力,才能确保党的坚强有力。党的坚强有力,反过来能够进一步为组织机构建设提供便利条件。在保卫和建设国家时期,需要二者相互配合。

根据凯山和政治局的提议,老挝人民革命青年团大会于1983年4月27日在万象召开,全国工会代表大会于1983年

11 月 14 日召开,全国妇女代表大会于 1984 年 3 月 21 日召开,会议均取得圆满成功。上述群团组织大会取得的成果,标志着群众运动在党的领导下不断发展壮大。凯山高度评价工青妇和统一战线发挥的作用。他表示,青年是祖国的未来,是各项工作的先锋队,青年应像雄鹰一样,拥有坚硬的翅膀,成为保卫和建设国家的新"信赛",成为党和国家的骄傲。关于妇女工作,他表示,在封建和殖民制度下,妇女同胞受到严重压迫,自国家解放斗争时期直至今天,妇女同胞跟随党进行革命,为创造民族的辉煌历史作出了重大贡献。她们辛勤劳动,爱国爱家,纯洁善良,坚韧不拔,为家庭和子女的幸福甘愿奉献。这是当前老挝妇女的突出品质。家庭能够团结和睦,其中重要原因之一就是女主人甘愿承担家务。他希望广大妇女同胞能够克服女性处于弱势地位、没有能力像男性那样工作和学习的消极思想。妇女努力拼搏为社会作出贡献,极大地推动了男女平等,逐步实现了妇女解放。凯山的上述评价,给参与保卫和建设国家事业的妇女以巨大鼓舞。

凯山和政治局高度重视国家经济发展,他曾倾注大量时间和精力研究指导经济工作,重点是发展农林业和工业。同时重视组织工作,致力于精简机构、提高效率。凯山与党中央、政治局及国会、政府集中精力研究将国有工厂逐步转向经济核算这一新的管理体制,由农业合作社转向农村家庭承包制。此后,大力推动农业生产发展,农产品价格逐步恢复正常。主席还出台了经济管理政策,要求加强政策法律规范,扩大对外合作,引进世界先进科技成果,运用到实际工作中。

　　凯山和坎代·西潘敦制定实施了将部分县建成经济、文化、国防治安强县的战略方针,凯山同时还指导将部分县建成政治、经济、国防治安全面发展的模范县,修建学校、医院、商铺,实现全方位发展,成为地方经济和文化中心。其中波里坎赛省坎格县 20 公里处成为第一个全方位发展的地区。凯山定期赴当地考察城市建设,有时一年要去两三次,与当地领导班子就有关工作进行沟通和讨论,推动当地成为全面发展的经济新区建设典型。

　　凯山是首位倡导革新路线的老挝领导人。革新路线的创立始于 1979 年,在经济领域率先开展,初期聚焦于价格和工资调整。按照凯山和党中央确立的经济体制改革方针,从基础设施到上层建筑,从低到高,从价格政策、工资政策到货币政策、财政政策,均得以循序渐进地推进。经济体制改革的每一个步骤都富有科学性和艺术性。作为党的最高领导人,凯山集中领导了制定法律法规和具体政策的工作,确保兼具科学性、革命性和高效率。大力推动下基层工作,组织和动员群众在经济革新中发挥重要作用,体现了理论与实践相结合,党的领导作用、政府管理与人民当家作主相结合,国家利益、群众利益与个人利益相结合,政治与经济相结合。

　　经济革新取得了初步成果。1985 年老挝国内生产总值较 1980 年增长 40%,农林业、工业、交通运输、流通分配和社会文化等领域均实现长足发展。工厂大力发展生产,企业逐步实现赢利,对外经济合作不断扩大。这些成果是党的领导、政府管理及各族人民群众努力奋斗的结果。凯山·丰威汉同志为革新事业作出了巨大贡献。

在总结经济管理工作的经验和不足后,党和政府出台了关于财政预算、工资、价格、税收、信贷等领域的决议和规定,全面深入改革管理机制。为贯彻落实上级有关规定,各级地方政府必须确保财政自足、自负盈亏,各工厂企业采用经济核算制,执行价格政策,参照市场价格,放开基础经营单位的自主定价权。国外报纸报道了上述政策并评价说,这是合理的对外开放政策,是完备的管理机制。经济大门逐步打开,将引领老挝走向美好未来。

与此同时,党也毫不避讳在领导经济管理工作中存在的不足,如流通和分配环节进展仍然滞缓,交通运输还面临诸多困难,偏远山区贸易活动不活跃,解决官僚主义、平均主义等问题仍不够坚决,尚未有力推动自然经济向商品经济转变。凯山认为这是老挝在探索和实验过程中存在的不足。因此,必须及时总结经验,懂得使用优秀的专家和人才。凯山本人也倾注大量精力,与国内外优秀专家共事。他曾邀请国际知名专家来老,为新型经营方式建言献策。领导人懂得选贤任能,才能确保自身领导的正确英明。

为避免给社会带来过度冲击,凯山和党中央进行了全面的、有原则的、稳妥谨慎的、循序渐进的革新。

老挝人民革命党四大

同筹备党的三大一样，为筹备好党的四大，凯山多次下基层调研，了解地方实际情况。到达南部色贡省时，他不住旅馆，而是住到省委书记波应家中。在同省委领导班子一起工作时，凯山问及当前色贡省哪个县最困难。省委领导一致表示，有三个县很困难，其中加勒县最困难。凯山问道："加勒县有几个民族？"省里表示有嘎都族、埃族等。他继续问道："各个村的路怎么样？"省里表示只有县城通了公路，乡镇都没有。他问："如何把盐供应给百姓？"省里回答，居住在越南边境的群众从越南买盐。凯山又问道："路这么不好走，我们可以花点儿钱买马，让老百姓用马运盐，怎么样？"省里表示，省委领导班子也这么想过，但有一个问题，在本地养马很困难，会被老虎吃掉。他继续问："还有别的办法吗？"省委领导一致承诺，一定会研究出能够解决问题的办法，严格按总书记的指示办。

凯山提出想走访最困难的乡镇，波应汇报说，从色贡县城到那儿的路不好走，要很多天才能到达，途中丛林密布，山高崖陡，非常危险。即使这样，凯山仍决定要去当地看望父老乡亲。从南部回来后，他还到访北部琅勃拉邦省，看望琅勃拉邦县勐凯乡他芬村的群众，了解群众生活情况，特别是了解在光西山上居住的少数民族群众如何谋生。在琅勃拉邦山区及色贡省一些贫困乡会见各族群众后，他认为，老挝人民群众的生活总体上还很困难。通过实地调研,凯山总结出许多经验,这些经验后来都写进了他向党的四大所作的政治报告中。

党的第四次全国代表大会于 1986 年 11 月 13 日至 15 日在万象市召开,代表全国 4.5 万余名党员的 303 名正式代表出席会议。富米·冯维希向大会致开幕词,凯山向大会作政治报告,诺哈·冯沙万汇报了经济社会发展第二个五年计划(1986—1990)的方针任务,西宋蓬·洛万赛汇报了党章修改情况。

政治报告科学评价了贯彻落实党的决议各项工作实际情况,特别是国防治安工作、经济社会现状和国际形势,准确评估了党的领导工作,从革命实践中总结了重要经验。在上述工作基础上,制定了新时期的革命路线。政治报告强调了经济管理体制革新、思维革新及党的思维方式和领导作风等问题。关于到 2000 年经济社会发展方针和任务及经济社会发展第二个五年计划(1986—1990),政治报告强调,必须解决好粮食问题,在全面发展农林业的基础上,推动植树造林和森林保护,停止破坏森林。在发展初期,要建立合理的农林业、工业和手工业经济体制,建立经济开发区,制定农村和城镇建设规划,发展交通和通信事业,利用先进科技,开展基础调查工作,发展自然和半自然经济、小商品经济、私营经济、公私合营经济、国有经济和集体经济等多种经济成分,其中国有经济发挥主导作用。全面大力巩固和发展贸易网络,加强财政和货币改革,确保稳健发展。发展对外关系,建立健全法律体系,发展文化教育和卫生事业。

关于管理体制革新，政治报告指出，要全面正确利用经济杠杆，提高政府管理效率，发挥群众和各种经济成分的自主性，正确处理商品和货币关系。建立健全中央经济，发展地方经济，重视劳动者权益，坚决废除高度官僚集中、平均主义的经济管理机制，执行经营核算制。

关于党的建设，政治报告强调要加强党的领导，巩固党的组织机构，提高基层组织的战斗力，革新干部工作，发挥党员先锋模范作用，改进工作方式，坚持党的组织生活原则，加强思想工作和理论工作。

关于外交工作，政治报告重申继续坚持党和国家独立、和平、友好的外交政策。

大会一致通过政治报告和关于经济社会发展计划方针的报告，以及关于党章修改的报告。

会议高度评价中央委员会在领导和执行党的三大决议中付出的努力，以及凯山总书记作出的巨大贡献。

大会选举产生由 51 名中央委员和 9 名中央候补委员组成的第四届中央委员会。四届一中全会选举产生 11 名中央政治局委员、2 名中央政治局候补委员，选举产生 9 人组成的中央书记处。选举凯山继续担任党的总书记。

在大会闭幕式上，凯山表示，我们本着谦虚的态度，正确评估了 10 年来各领域发展成果，这为我国革命开创了新时期，具有重要的意义。此次大会充分体现了全党团结统一，体现了我国的革命意志。大会作出的各项正确决定,有利于指导今后工作的开展。

党的四大确立的路线方针在此后的四届五中、六中、七中全会上均得到进一步细化。

大会结束后,凯山赴各地宣讲党的决议精神,推动决议落实。他高度重视研究世界经济新成果,常常与国内外专家交流经济问题。他还反复思考什么是经济发展最核心的环节。凯山制定老挝经济发展路线政策正是依靠这些方式。在他的办公桌上,曾摆放了关于日本明治维新时期的经济和教育政策①,关于越南、中国、朝鲜、泰国、新加坡、马来西亚等国的经济改革政策等书籍和资料。他还提出一些问题请专家解答,比如,为什么在土地和人口等国情相似的条件下,一些国家能够实现经济快速发展,而另一些国家却发展相对缓慢? 要在科学分析的基础上回答这些问题,并不是件容易的事情。

他曾提醒和告诫从事经济工作的领导干部,必须结合国情深入研究世界的本质,以寻求解决本国经济问题的合理途径。

他要求从事经济管理工作的干部深入具体研究,总结经

---

① 专家表示,凯山·丰威汉主席曾强调,1960—1975 年 15 年间,日本大胆投入 60 亿美元购买了 2.5 万项新技术作为自身专利,最终通过运用先进技术带动商品生产,收益达到 2 000 亿美元,从技术进口国变成世界技术出口大国。上述资料表明,凯山·丰威汉主席对世界经济的研究十分深入。

验,为对外开放政策和土地政策服务。他认为,经济发展要从
家庭开始,其中又以农户为主要单位。要落实鼓励各种经济
成分共同发展的政策,高度重视财政收支平衡。要将政府管
理与银行货币经营管理较好结合,应在哪项工作中支出及支
出多少,都应全面衡量和计算。

　　在指导经济工作时,凯山曾告诫部分部级领导干部,要把
握原则主动创新,步子迈得要稳,但针对前进道路上出现的问
题必须灵活处理。其中一个关键是要具备分析问题、组织经
济的能力,确保经济高效运行。在党中央会议上,凯山也坦陈
自身存在的缺点和不足,表示自己有时也难免出现主观、教
条、僵化、急于求成等问题,因此要不断改正缺点,为国家带来
更多利益①。

　　凯山总结得出一条重要经验,即经济发展的关键在人。
他经常表示,必须加快建设一支懂经营懂管理的干部队伍,培
养技术工人。他还表示,技术熟练的工人和经济管理干部仍
十分欠缺,有些问题无法解决,主要是因为这个原因。党的四
大后,以凯山为首的党中央和政治局致力于推动国民经济转
型,实行多种经济成分共同发展。从农村家庭开始,推动农村
群众和各阶层人士实现安居乐业。各个城市和公司企业纷纷
建立合作,开展生产投资,为市场经济发展创造条件。经济管

---

① 西萨纳·西山.忠于革命和人民 // 老挝社会科学委员会.凯山·丰威
　汉——人民的儿子.万象:潘努德占出版社,1991:46

理领域的平均主义、保守思想和官僚主义问题逐步得到解决。工厂拥有生产投资、聘用工人和定价的自主权,推动新型经营模式迸发出新的活力和创造力。国有银行在货币流通方面取得新进展。税收制度代替了利润上缴制,极大地调动了各个生产行业、海关税收领域的积极性,服务和生产经营领域实现了较快发展。

党的四大召开后一年,政府宣布75%的国有工厂在生产和经营中自负盈亏。1988年的年中,全国共有国有工厂377家。其中,186家工厂转为经营核算制,三分之二的工厂成功转制并实现盈利,产量和收入迅速增长。当然,与此同时,也有部分国有工厂亏损和停产。凯山表示,这就好比赛龙舟,快到终点时却翻船了。他提出一些建议和计划,表示可以实行股份制,将部分亏损的国有工厂转为私有制,避免破产。凯山强调,党和政府必须针对私营经济和商品经济出台明确、稳定、统一的政策规划。政府在1990年将这些政策规划细化为法律法规,以进一步完善经济社会管理。国家鼓励私人企业在政策规定允许的范围内开展投资经营,强调法律面前一律平等。另一个进展是,允许经营单位通过国内外各种渠道进行融资,开展投资经营,有权在国内设立商业银行,开设专门存款账户,根据税收政策开展进口贸易。党和政府鼓励多种经济成分参与国家发展的政策取得了巨大成功。虽然国家经济依然面临种种困难,但明显迸发出新的活力,特别是运输服务业及商贸、银行等领域发展迅速。

党和政府出台土地政策，调动农民的耕种积极性。一些农户分到了耕地，有能力开展林业生产的家庭也分到了林地。土地政策规定农业税应低于收入的1%，这一比例远远低于很多国家。政府还免除了初垦3—5年的土地税，免除秋耕田、复耕田地及遭受旱涝灾害田地的土地税。农业税征收形式多样，包括实物征收、现金征收等，群众自主决定选择哪种方式。落实农产品收购合理定价政策。在全国范围内确保粮食流通合法自由。新的土地政策极大地激发了农民在农业生产中的积极性，有利于促进粮食自给自足。农业方面取得的巨大成就，大大改善了各族人民群众的生活。

党和政府另一项成功的经济政策是逐步减少直至完全停止毁林开荒。有计划地执行森林开发政策，同时加大植树造林力度。执行分地分林工作，将森林交由当地政府管理。省级分给县级，县级分给村级，村级再分给植树人，确保他们能够安心植树造林。在党的正确的创造性政策指引下，森林得到了很好的保护。

1988年6月召开的四届六中全会上，凯山提出，到2000年，农业发展将顺利实现预期目标，能够为商品生产提供种类丰富、品质优良的原材料，满足国内消费和出口需求。确保粮食稳定，满足社会需求，为工业发展和国防工作奠定基础。

在重视指导农林业发展的同时，凯山还十分重视日用品和外贸商品生产。他在商品经济和开放型经济发展战略规划中指出了这一问题，强调以贸易为主，交通运输先行。党和政府出台政策,鼓励将小型机械和必要的原材料投入日用品生产。然而,尽管党和政府高度重视日用品生产,国产商品占比依然很低,商品质量无法满足消费者需求,多种生活必需品尚没有能力生产,不得不依赖进口。

在领导经济社会发展时期,凯山高度重视外国投资问题。1988 年,政府出台《外国投资法》,引发多国关注。《外国投资法》实施后仅一年时间内,就有 330 家泰国企业和 30 多家其他国家的企业来老挝投资纺织和水电等行业,总投资额超过10 亿美元。合理税收政策的实行,为商品生产特别是日用品和外贸商品生产的迅速发展创造了条件。

1989 年 1 月,党中央召开四届七中全会。会上,凯山强调,老挝建设社会主义的理想信念没有变,但要从国家的实际情况出发。当前革命的根本性质是人民民主革命。老挝仍处于逐步完善和发展人民民主制度阶段。他认为,得出上述结论的原因在于,老挝刚刚基本完成民族解放的任务,人民民主革命的任务仍未彻底完成。必须继续落实和推动生产发展,确保老挝各族人民的自由民主,为迈向社会主义逐步创造必要条件。人民民主制度的经济内涵,是根据商品和货币关系,不断发展商品经济、扩大市场。各种经济成分在政府管理下合法开展活动,相互合作,自由竞争,共同发展。各项经济社会活动都必须下到基层,深入农村和偏远山区。另一方面,要继续执行对外开放政策,吸引国外资金、先进技术和经验,运用到国家经济发展中。他提出,开放必须要自主、有效,要确保国家安全和社会稳定。

这充分体现了凯山高瞻远瞩的战略眼光，尊重老挝国情，符合老挝特点。如果没有合理的政策，就可能陷入教条主义和保守主义。

四届七中全会之后，凯山再次下基层看望群众，走访地方党委和政府。作为党的最高领导人，他定期到地方考察，下基层工作。除了凯山以外，坎代·西潘敦、诺哈·冯沙万、沙曼·维亚吉及其他政治局委员、中央委员、政府部长及副部长也都定期赴地方开展工作。这体现了老挝领导干部的优良作风。

在波里坎赛省，凯山第二次访问了鹏西村。第一次访问时，他批评村里的一些农户不遵循"三洁净"卫生原则。这一次，他表扬这个村成了卫生村，群众身心健康、粮食充足。他表示，希望父老乡亲们能齐心协力把自己的村庄建设得更好。

回到万象后，凯山总结了自己在地方调研的情况，推动解决了地方的一些问题，表示希望能够及时推动地方经济发展。

1989 年 5 月 1 日，凯山出席在万象举行的国际劳动节庆祝仪式，以此为契机，回顾了老挝工人阶级、各族人民及人民军队开展革命斗争的历程。

1989 年 7 月 13 日，凯山出席苏发努冯 80 岁寿诞暨国家金质勋章颁授仪式。他代表政府授予苏发努冯最高勋章，并高度评价苏发努冯为革命事业作出的崇高贡献。他表示："正如全党和全国人民所知，苏发努冯同志是我们党的优秀知识分子，是一位具有深切爱国情怀的王室成员，半个世纪以来，他始终将自己的生命与人民的革命运动紧密相连。"①

凯山表示,苏发努冯德才兼备,影响广泛,极大地鼓舞了老挝各族人民为国家的独立和自由而斗争。凯山同多位老挝革命领导人结下了深厚的友谊。

1990年,在全党和全国人民庆祝建党35周年的热烈氛围中,凯山与负责新闻宣传的同志交换意见,表示应该在群众中广泛深入地开展党的宣传活动,收集群众对党的领导提出的意见和建议。这是老挝人民民主制度发展迈出的新的一步。

3月22日,在万象举行的建党35周年纪念集会上,凯山提出革命路线的四个问题,即巩固和发展人民民主制度;加强群众团结,紧紧依靠群众,扩大民主;坚持和完善有原则的全面革新政策;广泛争取国际支持,保卫和建设国家。

3月底,凯山赴波里坎赛省调研。他先访问了坎格乡鹏得村,随后又去了那垓村。有人问他为什么这段时间频繁走访波里坎赛省,他表示想更深入地了解省里的经济和党建工作情况。

1990年底,凯山赴甘蒙省考察南屯水电站筹备情况。他告诫该项目负责人,修建水电站时一定要重视环境问题,要严格管理资金和人员,避免腐败和浪费。凯山同工作人员聊天时,神情有些凝重。他说,我国电力富余,自己却不够用。南俄湖水电站的电用不完,卖给了国外,国外再返销给甘蒙省和

---

① 见1989年7月14日老挝《人民报》。

沙湾拿吉省。问题就在于我们没有建起连接老挝北部、中部和南部的全国输电网。老挝地势险峻、丛林密布，建立贯通全国的输电网十分困难，耗资巨大。因此，我们要尽可能就地发电，供应给地方。这个问题必须予以重视，努力解决。

1991年，凯山赴甘蒙省出席省委大会。他在大会发言中强调，要从政治、思想和组织三方面加强党的建设。党建工作的重点之一是密切联系群众，党的路线政策要从人民群众的利益出发。任何党一旦脱离了群众，就会犯错。必须征求和听取各族人民群众对于党的领导的意见和建议。党员要发挥先锋模范作用，要赢得群众的信任。在评估党员的能力素质时，要与群众加强团结，同时促进党内团结，推动党的队伍成为一支意志和行动统一的队伍，以批评和自我批评为基础，坚持民主集中制。党的建设要与防范敌人和平演变及破坏行径相结合，始终坚持阶级立场，不畏惧不动摇，要在世界形势纷繁复杂的变化面前保持定力。这是党建工作的一个根本问题。

晚年生活

凯山高度重视党建工作并花费大量时间进行研究，为老挝人民革命党的五大作准备。他强调，党员要懂一些经济工作，这一问题要予以充分重视。对于是否允许党员干部雇用劳动力及允许哪一级雇用，必须认真研究，加以明确。同时需要明确规定的是，党员有权从事经济和经营工作，但不得剥削他人。他还强调,要在国家法律和党章允许范围内从事经济工作,这是党员干部必须高度重视的一个问题。

凯山尤为重视退休干部政策。他说,党政机关和群众组织的同志们将毕生精力奉献给了革命事业,现在他们退休了,党和国家要出台合适的政策,回馈他们的贡献。

党的五大于 1991 年 3 月 27 日至 29 日在万象举行,367名正式代表出席会议。

凯山代表第四届中央委员会向大会作政治报告。政治报告深入全面评估了党的四大以来的形势,确立了新时期党的路线任务,提出继续建设和发展人民民主制度。政治报告明确指出,老挝社会生活面貌日新月异,人民当家作主意识不断提升,各族人民群众平等相处,团结友爱,共同为保卫和建设国家而努力奋斗。

得益于革新开放新形势下的经济政策,生产进一步发展,国民经济以年均 5.5% 的速度快速增长,通货膨胀得到控制,物价处于正常波动范围内。

农业领域取得显著成果,粮食产量基本满足全国需求,实现了自给有余。这主要得益于国家调整政策,将农户作为主要生产单位,将土地分配给农民,让农民拥有土地的长期使用权和继承权。但总体而言,老挝农业发展仍然不够稳健。

林业发展呈现新的态势。由于采取森林开发和植树造林相结合,加大森林保护,实行森林承包,将森林分配给群众进行维护和利用等措施,毁林开荒的情况日益减少,山区群众逐步实现定耕定居。

交通运输方面,政府修缮了部分省级道路,水路和航空运输网络进一步拓展。利用国有和私营等多种经济成分,使用各种现代和传统工具,推动交通运输便捷化。

凯山在政治报告中强调,我们落实财政政策取得了成果,废除了平均主义、大锅饭式的财政体制,新的财改体制遵循商品和货币关系,同时注重调动和利用国内外资金。此外,贸易政策的效果不断显现,商品在市场自由流通,买卖交易活跃,促进了生产的发展。

关于社会领域工作,政治报告分析了到2000年教育改革项目和教育发展战略,认为教育体系日趋完善,人民群众的文化素质不断提升,民族优秀文化和传统得到保护和弘扬。高度评价了教师为教育工作所作出的积极贡献,希望大家团结友爱、互帮互助,共同建设国家。

政治报告指出,国防治安工作得到巩固加强,武装力量成为保卫和建设国家的中坚力量。

外交方面,党坚持和平、独立、友好、合作的外交路线,在平等互利原则基础上不断扩大经济和科技合作。

我们牢牢捍卫了政治制度,由于正确执行了革新路线,特别是秉持对民族和社会高度负责的态度,密切联系群众,赢得群众信任,国家机构得到巩固,效能进一步提高。

总的来看,执行党的四大决议5年来,国家在诸多方面实现了稳健发展,取得了辉煌成就和巨大胜利。

政治报告还指出,在取得上述成果的同时,我们在贯彻落实党的路线政策方面还存在一些不足,主要表现在各级党政机关领导和管理方面,一些部门的工作仍存在职能交叉重叠、机构庞大臃肿的现象,亟待进一步精简,一些地方还存在地方保护主义思想。干部队伍虽然得到发展,但仍不能满足新时期革命的需要。这些不足较明显地阻碍了国家的整体发展。究其原因,主要是因为革新事业属于新生事物,不管在制定路线方面,还是在贯彻落实的方法方面,我们都缺乏经验。

政治报告还得出以下重要结论:

第一,党的正确路线是我们取得胜利的决定因素。

第二,国内团结和睦是我们取得胜利的力量源泉。

第三,在保卫和建设国家事业中,党必须依靠人民,来自人民,一切为了人民利益。

第四,干部是决定路线成败的关键环节。

第五,发扬纯洁的爱国主义精神和国际主义精神,将国家力量与时代力量相结合。

政治报告明确指出了全党和全国人民今后的总路线总方针,即继续有原则的全面革新事业,确保全民团结统一。在党的领导下,在工人、农民和知识分子联盟基础上,努力推动多种经济成分共同发展,大力发展生产,推动自然和半自然经济向商品经济过渡。不断提高各族人民群众的生活水平。在社会生活各项事务中广泛发扬民主,提升群众组织和社会组织的作用,建立属于人民、来自人民、为了人民的政府机构,确保依法依宪活动。毫不放松改革党的机构,加强党的领导,完善全民国防治安工作,捍卫国家独立自主,捍卫新制度,确保政治稳定、社会安宁有序,继续扩大与各国及国际组织的合作。一切为了建设和平、独立、民主、统一、繁荣的国家,为世界和平和社会进步事业作出贡献。[1]

在党的革新事业中,党展现了对社会的领导责任。提升党内方针的作用,正确执行民主集中制,加强党同人民群众的血肉联系,努力落实下基层战略,这些工作都十分重要。

上述是凯山在政治报告中强调的关于党的二作方针的主要问题。

党的五大政治报告是党中央和政治局集体智慧的结晶,离不开全党、全国人民的认真负责和积极贡献,也离不开凯山的付出。

大会通过了凯山提交中央委员会的政治报告,以及关于修改党章的文件,形成了大会决议。

大会选举产生由 55 名中央委员和 4 名候补委员组成的第五届中央委员会。新一届中央委员会第一次会议选举产生由 11 人组成的中央政治局,包括凯山·丰威汉、诺哈·冯沙万、坎代·西潘敦、奔·西巴色、麦占丹·显玛尼、沙曼·维亚吉、乌敦·卡提亚、朱马里·赛雅颂、宋拉·占塔马、坎培·乔布拉

---

[1] 凯山·丰威汉总书记在党的五大上作的政治报告, 资料现存于凯山·丰威汉纪念馆。

帕、通邢·塔马冯。

根据修改后的党章,新一届中央委员会选举凯山为中央委员会主席,选举产生了由苏发努冯、富米·冯维希和西宋蓬·洛万赛3人组成的中央委员会顾问团。

凯山代表大会主席团致闭幕词,总结了会议成果。他说,此次大会重新回顾了在党的领导下执行的全面革新路线,肯定了我们取得的成果,深刻反思了存在的不足,总结了理论和实践经验。他强调,此次大会的成果体现在政治、思想、工作作风等方面实现明显转变,体现在党的团结统一和全面发展壮大,这是全党和全国各族人民集体智慧的结晶。

会后,凯山赴一些地方视察工作,向地方党委、党支部和群众宣传党的五大成果。凯山提出一个重要问题,即必须将党的决议与群众实际生活相结合。

1991年8月15日召开的二届国会六次会议,选举凯山担任老挝人民民主共和国主席。凯山成为党和国家的最高领导人。

1991年12月20日,凯山参加在甘蒙省举办的国家运动会。这体现了他高度重视体育事业,他本人也很重视运动健身。

1991年底,凯山赴法国巴黎参加高层会晤。作为在会上致辞的七位元首之一,他表示,此次高层会晤是一次难得的机会,他深感荣幸。各方开诚布公地交换了意见,探讨了政治、经济等多个合作领域的重大问题。此次会晤也表明,各国之间要加强团结,同时保护各自的文化特色和民族独立,这也是世界存在的意义。①

　　凯山担任国家主席后,还访问了越南、泰国、日本、朝鲜、中国,出席了在印尼雅加达召开的不结盟运动首脑会议。

　　1992 年,凯山的身体每况愈下,虽经医护人员全力救治,他的病情却依然不断恶化。凯山病重期间,多位中央政治局委员、中央委员、党和国家领导人、各部门代表,以及亲朋好友前往探望和问候,带给他慰藉和温暖。

　　凯山向老同学西萨纳·西山表露了自己的心迹。

　　西萨纳·西山问道:"我们干了很多年的革命,从青春年少干到白发苍苍,我想问问你,你最热爱什么?"

　　凯山回答道:"我热爱的东西很多,爱国家、爱人民、爱家庭。"

　　西萨纳·西山继续问道:"那你爱自己吗?"

　　凯山说:"我也爱自己! 但是,个人利益寓于国家利益之中。自从参加革命以来,特别是入党后,我发誓要奋斗到最后一刻,即使牺牲生命也要毕生恪守这一信念。当然,无论如何也要注意身体,坚持锻炼,生了病就要治,没有精力就无法工作。"

　　西萨纳·西山又继续问道:"那你最恨什么呢?"

---

① 奔·西巴色. 凯山·丰威汉主席和外交事业 // 老挝社会科学委员会. 凯山·丰威汉——人民的儿子. 万象:潘努德占出版社, 1991:86—87.

　　凯山说:"恨那些干涉和侵略老挝的人,恨那些妄图破坏和阻挠我们保卫和建设家园的人。"

　　西萨纳·西山继续问道:"幸福呢,你觉得最幸福的事是什么?"

　　凯山说:"最幸福的事就是看到革命胜利,各族人民丰衣足食,孩子们学习进步,群众过上好日子,还有就是看到党的路线政策得到有效的贯彻落实。"

　　西萨纳·西山又问道:"烦恼呢,你最烦恼的是什么?"

　　凯山说:"我有很多烦恼,但最大的烦恼还是贯彻落实党的路线和国家计划不符合实际情况,我们的路线是正确的,但贯彻落实仍存在很多问题。另一个烦恼就是干部队伍建设不能满足现实需要。"

　　西萨纳·西山最后问道:"现在你最高兴的是什么?"

　　凯山说:"我最高兴的是,我们能够调整经济路线,我们的革新事业得到了广大干部和各族人民的支持,正在积极落实,我们的事业正在稳步向前。"①

　　凯山内心的想法,体现了他对党对老挝各族人民纯洁的感情。

<hr>

① 西萨纳·西山. 忠于革命和人民 // 老挝社会科学委员会. 凯山·丰威汉——人民的儿子. 万象:潘努德占出版社,1991:46—47.

第六章

凯山·丰威汉主席永远活在老挝各族人民的心中

　　老挝从解放斗争到统一祖国,再到保卫和建设国家的几十年发展历程,离不开凯山的领航掌舵。他是老挝人民党(现老挝人民革命党)的缔造者,是老挝工人阶级和劳动人民敬爱的领导人,是一位具有远见卓识和敏锐洞察力的贤明领导人,他为领导解放斗争和祖国统一作出了巨大的牺牲和卓越的贡献。进入保卫和建设国家时期,他所倡导和领导的有原则的全面革新路线得到卓有成效的推进,然而此时,他却不幸身患重疾,病情日益恶化。

　　1992 年 11 月 21 日,老挝人民革命党中央委员会、最高人民议会、老挝政府和建国阵线中央发布特别讣告:“我们十分悲痛地向全体同胞、各阶层人士、党员干部、武装力量战士通报,老挝人民革命党中央委员会主席、国家主席、我们敬爱的领袖凯山·丰威汉同志,于 1992 年 11 月 21 日 11 时 23 分逝世,享年 72 岁。"①讣告还指出:"在主席生病期间,党和国家高度重视,抽调国内外医疗专家组成保健小组,使用先进医疗设备进行治疗,但由于病情严重,主席仍然永远地离开了我们。"②

讣告表示,"凯山·丰威汉同志是老挝各族人民的优秀儿子,是老挝的民族英雄,半个多世纪以来,他将毕生的精力和智慧献给了解放斗争事业和保卫建设国家事业,他是我们党、国家和民族的英明领导人。他同中央政治局和党中央一道,领导我国人民革命从一个胜利走向另一个胜利,推动我国从外国殖民地变成在国际舞台上拥有光荣地位的独立国家。凯山·丰威汉同志是真正的爱国主义者,是世界各国的亲密朋友。他永远地离开了我们,这是我们党、国家和人民的巨大损失"。③

讣告还号召全国同胞:"在全国上下都沉浸在悲痛之中的时刻,中央委员会、最高人民议会、政府和建国阵线中央、各阶层人士、党员干部、武装力量和公安力量的战士们,让我们将悲痛化为革命行动,团结在以中央政治局为核心的党中央周围,发扬我们党和国家英勇光荣的传统,共同坚定推进凯山·丰威汉主席提出的有原则的全面革新路线,继续建设和发展人民民主制度,实现将老挝建成和平、独立、民主、统一、繁荣

① 见 1992 年 11 月 22 日老挝《人民报》。
② 见 1992 年 11 月 22 日老挝《人民报》。
③ 见 1992 年 11 月 22 日老挝《人民报》。

的国家的目标。"①

为表达对凯山·丰威汉主席的深切感激和沉痛悼念,中央委员会、最高人民议会、政府和建国阵线中央决定在全国哀悼 7 日(1992 年 11 月 22 日至 28 日),成立国家治丧委员会,降半旗志哀。

1992 年 11 月 22 日至 27 日,党和国家领导人、各机关单位、军警部门、社会团体及家属以不同形式表示哀悼。

世界各国高层领导人、国际组织代表及外国代表团抵达万象,吊唁凯山·丰威汉主席。

越南共产党中央及越南社会主义共和国主席、国会常委会、祖国阵线均发布了沉痛悼念书,向越南全党、全国人民通报凯山·丰威汉主席逝世的消息。越方发布讣告表示,"凯山·丰威汉主席是优秀的领导人,是忠诚的革命家,是老挝革命的优秀儿子,是国际共产主义运动和工人运动、民族解放、世界和平的勇士,是越南共产党和人民的亲密同志和朋友。数十年来,他重视研究胡志明主席的思想财富,并运用到老挝革命的实践中。凯山·丰威汉主席为建设、维护、加强越老团结和特殊关系作出了巨大贡献,重视巩固和加强越老全面合作关系。他的逝世,是老挝人民革命党和老挝各族人民,以及越南共产党和越南人民的巨大损失"。②

---

① 见 1992 年 11 月 22 日老挝《人民报》。
② 见 1992 年 11 月 23 日越南《人民报》。

1992 年 11 月 28 日 11 时,老挝人民革命党中央委员会主席、政府总理坎代·西潘敦①,国家主席诺哈·冯沙万②以及中央政治局委员、党和国家其他高层领导人为凯山·丰威汉主席举行了庄严肃穆的追悼仪式。

出席追悼仪式的还有中央委员、正副部长、各单位和群众组织代表、各省市代表、国内外媒体等。

越南共产党中央委员会总书记杜梅率越南党政代表团,柬埔寨、朝鲜、中国、缅甸、泰国、印度尼西亚、日本、马来西亚、法国、澳大利亚、印度、俄罗斯、蒙古等国均派代表团赴老悼念。此外,各国使节、国际组织驻老代表也参加了悼念活动。

诺哈·冯沙万代表中央委员会、最高人民议会、政府及建国阵线中央,宣读了对凯山·丰威汉主席的悼词:"全党、全国人民要铭记凯山·丰威汉主席的丰功伟绩,化悲痛为力量,以实际行动继续坚定地走主席指引的道路,推进主席和我们党的事业不断取得胜利。我们坚信,我们一定能保卫和建设好亲爱的祖国,推动祖国继续稳步前进,走向辉煌。凯山·丰威汉主席的事业永远在我们心中。"③

---

①1992 年 11 月 24 日,党中央任命坎代·西潘敦为老挝人民革命党中央委员会主席。

②1992 年 11 月 2 日,诺哈·冯沙万卸任老挝最高人民议会主席,就任国家主席。

③见 1992 年 11 月 22 日老挝《人民报》。

译后记

　　凯山·丰威汉是老挝党和国家的重要领导人,在他 72 年波澜壮阔的一生中,参与和领导了老挝民族解放斗争、抗法斗争和抗美救国斗争,成立了老挝人民革命党,建立了老挝人民民主共和国。建国后,他继续领导老挝人民保卫和建设国家,制定革新开放政策,在这过程中,形成了一系列符合老挝国情的治党治国理论和实践,成为老挝党和国家的宝贵精神财富。这部作品,正是对凯山的生平和革命事业的详细回顾和高度总结。翻译这样一部作品,对于我们而言,是一个巨大的挑战。

　　翻译工作起始于热爱,却必须以严谨认真的学术态度贯穿始终。无论是对史料的考证还是对语言的锤炼,都容不得半点儿敷衍。这个过程自然也是苦乐参半的,而其中更多的是快乐,或许因为一个"妙手偶得之"的词语,也或许因为一个遍查史料终于获取的信息。掩卷回首,翻译本书也让我们有机会再次深入学习了老挝近代史和老挝人民革命党党史,实在不失为一段宝贵的经历。

　　具体翻译分工如下:何斌翻译了第一、二、三章;李小元翻译了第四章;王璐瑶翻译了第五、六章。李小元对译稿作了一些修改和补充,并负责定稿。

　　需要说明的是,原著中提供了百余幅图片,但由于种种原因,只能割爱,仅保留了文字内容。原书中一些脚注的信息不完整,只能暂时删去,希望在今后的译本中能够得到弥补。此外,原著中少数地方信息不全或不实,译者在查阅相关资料后进行了补充和订正,希望能得到读者的理解。

　　借此机会,感谢"亚洲经典著作互译计划"提供翻译出版的机会;感谢天津出版传媒集团作为承办单位承办此项目;感谢亚洲经典著作互译计划专项工作办公室秘书处所作的沟通、协调工作;感谢天津教育出版社张文萱编辑几个月来耐心细致的工作;感谢中央广播电视总台越南语部陈敏玲老师帮忙核对部分越南人名和地名的译文;感谢北京外国语大学越南语专业王嘉老师详细解答了越南史相关的一些疑惑;感谢李紫杨小友帮忙通读初稿。同时也要感谢几位不愿透露姓名的好友,虽然公务繁忙,依然在译本的定稿阶段抽出宝贵时间通读全文,并进行了详细认真的修改,避免了一些不该出现的错误。此外,需要特别感谢前驻老挝大使潘广学前辈最后通读了全文,提出了宝贵的意见和建议,让这部译稿更完善地呈现在读者面前。

　　原著所涉及的历史知识极为广泛,不仅包括老挝史,也涉及与老挝近代革命有着千丝万缕联系的越南民族解放运动和印度支那共产党的发展史。在这宏大的背景中,译者常常感觉到自身知识的局限,翻译时也始终如履薄冰,因此,虽然竭尽所能,依然难以保证译文的完美。恳请各位卖者提出宝贵意见,以便再版时修订。

译者

2022 年 8 月 4 日于北京